# 稻盛

## 经营实战
## 问————答

Inamori
Kazuo

作 者
[日]藤井敏辉　明丽

译 者
明丽

# 模式

## 图书在版编目（CIP）数据

稻盛模式：经营实战问答 /（日）藤井敏辉，明丽 著；明丽 译．— 北京：东方出版社，2022.4
ISBN 978-7-5207-2708-2

Ⅰ．①稻… Ⅱ．①藤…②明… Ⅲ．①企业经营管理—经验—日本—现代—问题解答 Ⅳ．① F279.313.3-44

中国版本图书馆 CIP 数据核字（2022）第 043271 号

著作权合同登记号 图字：01-2022-1237号

**稻盛模式：经营实战问答**
（DAOSHENG MOSHI: JINGYING SHIZHAN WENDA）

| 作　　者： | [日]藤井敏辉　明　丽 |
|---|---|
| 译　　者： | 明　丽 |
| 责任编辑： | 贺　方 |
| 出　　版： | 东方出版社 |
| 发　　行： | 人民东方出版传媒有限公司 |
| 地　　址： | 北京市西城区北三环中路6号 |
| 邮　　编： | 100120 |
| 印　　刷： | 北京文昌阁彩色印刷有限责任公司 |
| 版　　次： | 2022年4月第1版 |
| 印　　次： | 2022年4月第1次印刷 |
| 开　　本： | 787毫米×1092毫米　1/32 |
| 印　　张： | 6 |
| 字　　数： | 98千字 |
| 书　　号： | ISBN 978-7-5207-2708-2 |
| 定　　价： | 42.00元 |
| 发行电话： | （010）85924663　85924644　85924641 |

**版权所有，违者必究**
如有印装质量问题，我社负责调换，请拨打电话：（010）85924602　85924603

# 推荐序
PREFACE

非常高兴受到滕井老师的邀请,结合我自身学习的实践,为《稻盛模式:经营实战问答》写序。

滕井敏辉先生是我学习和实践稻盛经营学过程中最尊敬的老师之一,他在京瓷工作40多年,担任公司多个重要管理岗位,在各事业部都有着丰富的管理经验,是稻盛和夫先生亲自培养的实战型经营人才。

在滕井老师身上,我真正体会到实践京瓷哲学的力量,体会到构筑经营体系的重要性,以及全面理解学习京瓷企业文化的价值和意义。更让我敬佩的是,滕井老师一直带着使命感传播稻盛哲学。十余年间,他专注研究和探索适合中国企业学习与实践的稻盛经营落地路径，从而正确传播稻盛经营学，也就是本书中提到的"稻盛模式"。

或许我们认为，藤井老师在中国已经讲授了阿米巴经营体系、人事评价体系等系列课程，他付出的已经足够多了，但对于一个追究经营本质的管理干部、一位初心发愿传播稻盛经营学给中国经营者的大德老师，有太多的智慧愿意更多地给予中国企业的经营者。这一点对我们在盛和塾学习稻盛经营学的塾生来说，尤为重要。我与藤井老师相交莫逆，通过长时间的相处和交流，我对老师的智慧与人格极为钦佩。在我的多次邀请下，藤井老师还长期担任中兴精密集团的顾问，关心我企业的发展。

藤井老师已年逾七旬，但他依旧笔耕不辍，发扬付出不亚于任何人努力的奋斗精神把自己的智慧整理出来，分享给中国的企业经营者，帮助中国企业家解决学习稻盛经营学过程中的疑点和困扰，这一点尤为值得我们敬重。

稻盛经营学在曹岫云老师的努力之下，在中国推广已经15年了，近几年稻盛经营学的影响力越来越大。我们也欣喜地看到，越来越多的中国经营者愈发坚信稻盛经营学，而且在企业内实践稻盛经营学的企业数量和质量都在提升。

我这几天阅读了藤井老师《稻盛模式：经营实战问答》一书的电子稿，一个感觉就是"酣畅淋漓"。针对很多问题，藤井老师的解答可谓"一针见血"，直刺我们经营中的痛点。

本书的经营问答，让我进一步思考：企业的使命和愿景或经营理念是什么？一切的经营活动，如制度、流程、资源配置、分配等，是否以经营理念为出发点？企业经营者是否真的在提升自我心性，从而看清楚事物本质，坚守"作为人，何谓正确？"作为判断基准？学习稻盛经营学，我们要在更高维度上去追求经营，也就是说，企业是否真的确立了事业大义名分？企业经营者是否真的明了人生的活法和工作的意义？经营者心里是否真正装着员工的幸福，并构建以培养人才、实现让员工成长和幸福的经营道场，并时时为员工考虑，做到公正公平，拥有大爱和慈悲之心？碰到经营顺境和逆境时，我们经营者能否始终不忘初心，拥有坚强的意志力，并率先垂范？在构建以心为本的经营过程中，我们是否时时正向激励，换位思考，如何激活和开启全体员工高能量的智慧？

在学习本书的过程中，我再一次陷入了深思，深入思考后的"答案"进一步告诉我们唯有提高心性，才能拓展经营，这一切都受经营者和全体员工的思维方式和格局所影响，道理也非常简单。

稻盛哲学和阿米巴经营体系重在实践，重在具体落实。我们不能只从书本中学习稻盛经营学，而是需要根据企业发展不同阶段，围绕市场和现场去找到经营之道，真正接地气，看清经营的本质。

我非常感恩藤井老师为中国企业家所做的奉献，更期待本书能给正在实践"稻盛经营模式"的企业家和团队带来更大的信心和勇气，使他们坚定信念，打造高收益经营体系，让更多企业稳健发展，实现公司确立的经营理念。

浙江中兴精密工业集团有限公司董事长　张忠良
　　宁波盛和塾核心发起人

2022 年 2 月 12 日

# 自 / 序
PREFACE

我在京瓷工作四十余年,从京瓷退休后,也非常荣幸依旧有机会和许多中国经营者一起交流经营哲学与阿米巴经营及企业人事制度等话题。特别是在我担任名誉顾问的"至高经营管理研究会"的线上学习交流活动中,从各位参加活动的企业经营者、研究者的发言与提问中,我获得了很多有益的启示。

研究会的会员朋友,以及以往听过我主讲的"京瓷人才培养机制""阿米巴经营实战""经营战略与经营计划""阿米巴经营会议""稻盛模式经营管理体系基础研修""稻盛模式部门独立核算制度""稻盛模式人事制度""用数字经营企业""阿米巴经营的诞生""稻盛流人才培育""稻盛流空巴"等研修课程与讲座的中国经营者朋友，有时会通过我的翻译（也是我的弟子）明丽向我提出一些经营实战中的疑问与困惑。我用日语口头向明丽传达我的想法和建议，由她帮我整理成中文，回复给各位经营者朋友。在与诸多中国经营者的交流中，我发现大家的疑惑和问题有很多是共通的，我认为自己的一些想法和建议，不仅对提问者本人，也可能对其他稻盛哲学以及稻盛模式经营管理体系的实践者有一些参考价值。所以，在接到东方出版社的出版邀约之后，我欣然同意，并感到非常荣幸。

以上介绍了本书是如何成稿的，接下来我想分享一下我在中国开展各种传播稻盛经营学活动的初衷。

当年，我在日本京瓷阿米巴经营咨询相关的公司工作，稻盛先生亲自赋予了我使命，让我去中国传播阿米巴经营，为中国的产业社会做出贡献。以此为契机，我虽然还有诸多不成熟的地方，但努力地将包括稻盛先生本人在内的无数京瓷前辈教给我的东西，并结合自己作为实战者获得的知识与经验，在各种场合去解说稻盛先生创造的阿米巴经营这一经营手法。

## 自 序

在本书的"一问一答"中，因为没有详细了解提问者的企业实际情况，所以我只是从基本的思维方式上进行了分享，一家之言，仅供参考。而各位读者朋友所处行业不同，企业经营历史与规模也不同，一问一答肯定也不能直接帮到您的企业。但我相信，经营的大道是相通的，我希望能够为所有读者朋友的企业经营带来一些启示。

最后特别感谢在书稿整理过程中，提供了莫大帮助的宁波盛和塾事务局局长许民生，感谢他付出的心血。

藤井敏辉

# 目 / 录
## CONTENTS

## 🚀 先导篇

"稻盛模式"解析 / 003

稻盛经营哲学体系解析 / 009

## 🎯 经营篇

### 第一章　经营哲学

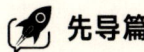 经营哲学与企业文化有什么区别？ / 022

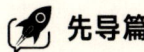 经营哲学与阿米巴经营如何同步相互推进？ / 025

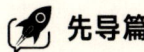 如何将哲学转化为数字？ / 029

 京瓷是如何进行哲学研修和研讨的？ / 032

# 第二章　关于阿米巴经营

## 第一节　组　织

经营问答 05　小微企业（创业初期）要想导入阿米巴经营，第一步应该做什么？/ 038

经营问答 06　阿米巴经营中组织划分的要点是什么？/ 041

经营问答 07　阿米巴经营中，管理部门可不可以设置为 PC 部门？公司里是不是 PC 部门越多越好？/ 045

## 第二节　核　算

经营问答 08　稻盛先生的附加价值三分法是指什么？/ 048

经营问答 09　您有阿米巴经营核算表的模板可供参考吗？/ 052

经营问答 10　阿米巴经营和计件工资能够并存吗？/ 055

经营问答 11　京瓷非常重视核算数字，那京瓷提倡 996 吗？/ 059

经营问答 12　导入阿米巴经营之后，如何打造员工主动挑战高目标的氛围？/ 062

经营问答 13　京瓷如何通过核算，在阿米巴经营中控制产品质量？/ 066

经营问答 14　阿米巴经营中如何践行"每日核算"？/ 068

经营问答 15　阿米巴经营中，产品生产周期长时如何进行每日核算？/ 071

## 第三节 定 价

- 经营问答 ⑯ 如何实践"定价即经营"？/ 073
- 经营问答 ⑰ 阿米巴内部交易如何定价？/ 077
- 经营问答 ⑱ 零售行业如何践行"定价即经营"？顾客发现自己买贵了的时候，会不会对企业产生不认可？/ 080

## 第四节 薪酬分配

- 经营问答 ⑲ 导入阿米巴经营后是否应该取消销售提成？/ 083
- 经营问答 ⑳ 连锁门店经营模式下如何对店长的业绩进行考核？/ 087
- 经营问答 ㉑ 运用阿米巴经营的企业，企业薪酬分配时应该以附加价值为基准，还是以利润为基准？/ 090

## 第五节 人事评价

- 经营问答 ㉒ 京瓷是如何以"资格等级"为核心来制订人事制度的？/ 094
- 经营问答 ㉓ 导入京瓷式人事制度后，如何让管理层对员工进行的评价更准确？/ 099
- 经营问答 ㉔ 导入京瓷式人事资格等级时，级别和人数如何平衡控制？是不是级别越高，人数就应该越少？/ 102

| 经营问答㉕ | 在周围公司采用短期物质激励的环境下,如何"独善其身"地制订与运用京瓷式人事、薪酬制度? / 105 |
| 经营问答㉖ | 阿米巴经营落地不顺利,是不是配套人事制度的问题? / 108 |
| 经营问答㉗ | 稻盛模式人事制度中如何淘汰竞争力差的员工? / 111 |
| 经营问答㉘ | 如何借鉴京瓷的方式进行人事考评? / 114 |
| 经营问答㉙ | 如何借鉴京瓷人事制度,打造自己企业的1.0版本? / 118 |

## 第六节　岗位职责说明书

| 经营问答㉚ | 京瓷没有岗位说明书,这是不是受公司行业性质的影响?员工学历低的餐饮行业怎么办? / 123 |
| 经营问答㉛ | 能否分享一下京瓷各关键岗位的考核核心内容及岗位说明书? / 126 |

## 第七节　经营会议

| 经营问答㉜ | 京瓷的经营会议一般开多长时间? / 128 |
| 经营问答㉝ | 经营会议上月度目标没有达成的部门应该如何引导?目标超额完成的部门应该如何提醒? / 131 |
| 经营问答㉞ | 如何激发员工参与阿米巴经营的热情? / 134 |

# 目 录

## 第三章　构建信赖关系

- 经营问答㉟　如何看待懒惰的员工？/ 140
- 经营问答㊱　京瓷有惩罚或罚款制度吗？/ 143
- 经营问答㊲　企业应该如何开展节后复工收心工作？/ 146
- 经营问答㊳　有保底、采用计件工资的员工，因为产品订单不稳定，挣钱少，所以集体罢工。这种情况应该如何处理？/ 149

## 一问一答特别篇

京瓷是咋分钱的？/ 155

如何能像京瓷阿米巴经营一样，基层运转起 OODA 循环，实现自主思考与行动？/ 164

后　记 / 173

# 先导篇

# "稻盛模式"解析

被称为日本"经营之圣"的稻盛和夫先生，将自己在企业经营中总结出的经营思想与经营手法，即"稻盛经营学"，无私地分享给全世界的企业经营者们。在中国，也有许多经营者在学习与践行稻盛经营学。

不知大家有没有思考过：一直在学习的稻盛经营学到底是什么？简单来讲，它是稻盛先生在经营实践中总结的经营思想与经营手法。但具体是什么样的体系呢？

我在京瓷工作四十余年，负责过京瓷阿米巴经营体系的运营与维护，参与过京瓷信息系统的构筑，有机会俯瞰到京瓷经营管理体系的全貌。并且，近年来我担任京都大学的研究员，与日本经营学的专家学者进行着交流研讨。我结合京瓷对于"稻盛经营学"的实践与自己对于"稻盛经营学"的认知，总结出了"稻盛模式经营管理体系"。这套经营管理体系作为经营机制在京瓷运转时，与经营理念以及经营哲学息息相关、密不可分。经营哲学是经营管理体系的根基，经营管理体系里所有制度的设计和运用都是为了实现经营理念。我将"稻盛经营哲学"加"稻盛经营管理体系"（Management System of Inamorikazuo Model，简称为 MSIM）的经营手法，称作"稻盛模式"（Inamorikazuo Model）。

下面我简单地对"稻盛模式"进行一下解析。

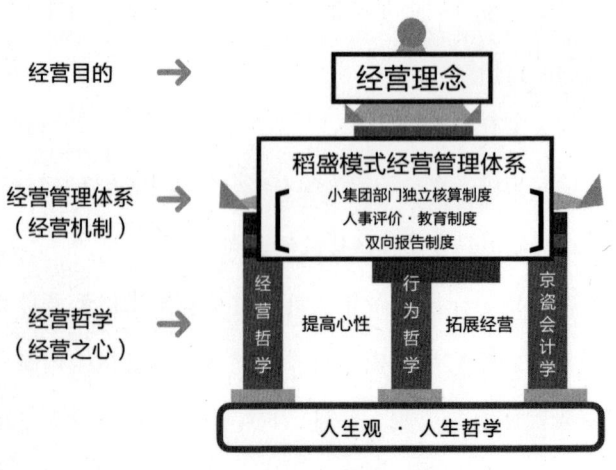

图 1　稻盛模式

经营哲学，也可以叫作"经营之心"，是基于稻盛先生经营思想中的"以心为本"经营，是稻盛先生在京瓷这个企业的经营中与员工共有的哲学。

在京瓷，全体员工学习并践行的是基于稻盛先生的人生观及人生哲学总结出的"经营哲学""行为哲学""京瓷会计学"（具体的学习材料有：京瓷哲学、京瓷行为指针、经营12条、京瓷会计学、京瓷领导心得、京瓷销售心得、京瓷制造心得等），通过在日常工作中体现这些哲学，来"提高心性，拓展经营"。

经营管理体系，是基于稻盛先生的经营思想（即经营之心）。京瓷构筑起的经营管理体系包括三大部分："小集团部门独立核算制度""人事评价·教育制度""双向报告制度"。

"小集团部门独立核算制度"，是利用"损益计算表"进行月度损益管理的制度。"损益计算表"在逻辑上与财务会计上的"利润表"基本类似，但因为属于管理会计上的报表，可以根据企业自身需求灵活编制科目。这张损益计算表，除了用于月度部门独立核算，还用于年度计划与中期事业计划的制订与实施。

"人事评价·教育制度"与"小集团部门独立核算制度"

有机联系，共同打造了京瓷的长期人才培养机制。通过用"独立核算"提供实战舞台，用"人事评价"对结果进行评价，评价结果用来培养人才，培养人才提升核算数字这样的良性循环，来促进企业发展。

"双向报告制度"，是一种促进双向沟通交流的制度，特别是促进上下级的双向交流，而不是下级单纯向上级报告或是等待上级指示。在京瓷，经营会议、审批制度、经营方针发表、核算推进活动、空巴等都属于双向报告制度。只有通过良好的沟通交流构筑起伙伴关系，才能做到凝心聚力，一起提升核算数字。

"经营哲学"与"经营管理体系"都是为了实现"经营理念"。京瓷的经营理念是什么？"追求全体员工物质与精神两方面幸福的同时，为人类和社会的进步与发展做出贡献。"

在稻盛模式下，经营理念（使命）、经营管理体系、经营哲学，这三者在逻辑上统一贯穿。企业所有成员明确知道：为什么要学哲学？为什么要进行阿米巴经营？是为了实现经营理念！而经营理念中首先要实现的就是全体员工的幸福！

最后我想谈谈企业学习践行"稻盛模式"的意义。

京瓷集团飞跃成长与基业长青的秘诀，正是"稻盛模式"。

它让京瓷集团从一家街道小作坊起步，历经20世纪70年代"石油危机"、20世纪90年代日本"泡沫经济破灭"及以后长期化的"平成萧条"一路成长为世界级大企业，在2008年全球经济萧条的大环境下也不裁员一人，保持了60余年从未亏损、利润率10%左右的惊人业绩。

中国企业，特别是广大中小企业，在当前外部宏观环境趋紧、竞争日益激烈、经营成本急剧提高的形势下，如何内求提升经营管理水平，进行经营改善、培养人才，实现激活人心的经营？相信稻盛模式中有许多可以学习、研究和借鉴之处。

# 稻盛经营哲学体系解析

近年来,中国企业家学习稻盛经营哲学的热度很高,但我接触到的很多中国经营者,对稻盛先生在自己的企业中打造的经营哲学体系,认识与理解得其实不够全面与立体。

我想和大家讲讲自己在京瓷工作40多年来,体验到的经营哲学体系。这些其实都是个人的心得,我并非什么教授学者,这些心得都是在经营实战中体会到的。这些心得也并非权威观点,分享给大家仅供参考,也期待和更多企业经营实战者进行研讨交流。

稻盛哲学,是稻盛先生在人生及60余年的企业经营实践中总结出来的心得,是不断深化进化的哲学。提到稻盛经营哲学,大家可能首先会想到市面上已经出版的《京瓷哲学》。但京瓷内部学习的，并非一本《京瓷哲学》，还有销售心得、制造心得、领导心得以及稻盛先生在一些场合的重要讲话等。

并且，稻盛先生的经营哲学，并不只用《哲学手册》这样的载体呈现，而是体现在京瓷的经营管理体系，包括部门独立核算制度、人事制度、教育制度等方方面面。

稻盛哲学不仅包括经营哲学，也包括人生哲学。稻盛先生的人生哲学与经营哲学对我影响非常深刻，稻盛先生一直坚持的"作为人，何为正确？"其实就是作为人最基本的思维方式与行为方式，就是一种活法。学习与践行这样的活法，真的改变了我的人生。

**感恩稻盛先生！**

我20多岁大学毕业就进入了京瓷工作，在京瓷工作的这几十年里，我学习到的稻盛哲学，并非仅仅是书本上的知识，更多是在实战中稻盛先生教导的，自己在京瓷工作中体验领悟到的稻盛哲学。我想带领大家一起回顾一下京瓷创立至今的几十年间，伴随着京瓷的发展，稻盛经营哲学体系是如何进化的。

## 创业之初

稻盛先生在创业之初,就和一般创业者存在区别。

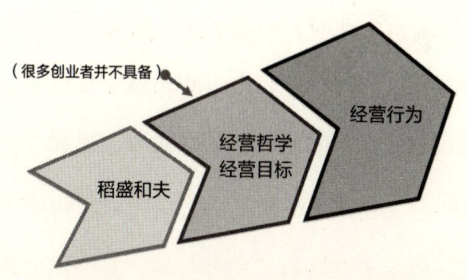

图2 稻盛和夫的经营(创业之初)

有些创业者是为创业而创业,即使成立了公司,也没有明确的经营目标;而稻盛先生是基于明确的经营目标,产生了经营行为。此外,一般创业者在公司成立初期甚至是长期都只有经营行为;而稻盛先生在创业初期就已经有了一些经营哲学。当然,这时的经营哲学,更接近于人生观、人生哲学的延续。那是他在经历了年少体弱多病、青年时期充满挫折这样的人生中,反省总结出的思想,其中更多是关于人生的哲学。

那么,稻盛先生创业初期的"经营目标"是什么?

并非我们今天熟知的京瓷"经营理念",而是"让稻盛的技术问世"!

稻盛经营哲学中一直强调:经营企业时要"以心为本",不能光靠经营者和几个高层领导,而是应该让全体员工凝心聚力参与经营。经营企业时,不能出于一己私利,而是应该守护所有员工的幸福。但我们今天学习的稻盛经营哲学,是稻盛先生八十余年人生和经营的过程中凝聚而成的智慧,并非他创业之初就具备的。

## 从个人主义向大家族主义的转变

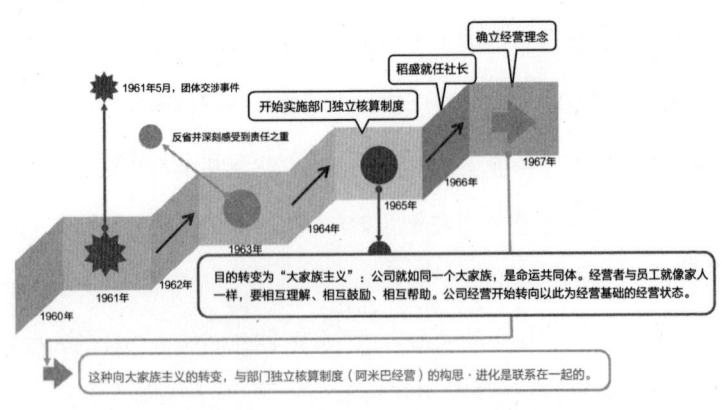

图3 从个人主义向大家族主义的转变

1959年，京瓷成立之初的目的，是"让稻盛的技术问世"这样的一己私利。并且，白手起家时的28名员工中，有7位创业伙伴，他们是稻盛先生认为值得信赖的伙伴。但全体员工凝心聚力这样的想法，当时的稻盛先生并不具备。

1961年发生的年轻员工团体交涉事件，是稻盛先生经营思想转变的一个契机。团体交涉的详细内容就不多介绍，相信大家在很多书中都读到过这一段故事。为什么说这是一个契机？并非一个三天三夜的事件就让稻盛先生的经营思想彻底转变了，而是年轻员工的不安和对于公司保障自己生活的需求，激发起稻盛先生对于经营企业目的的思索，开始反省企业经营时不能只想着自己。

由此，稻盛先生的经营目的，开始从"让稻盛个人的技术问世"向"大家族主义"转变。

## 全员参与经营

在这个过程中，稻盛先生开始重视和一般员工的沟通，在工作及空巴等各种场合时时刻刻地去和员工分享自己对人生的看法、在经营上的想法。并且稻盛先生不断反省，将失败的教训与成功的经验进行总结，逐步形成与完善自己的经营哲学。

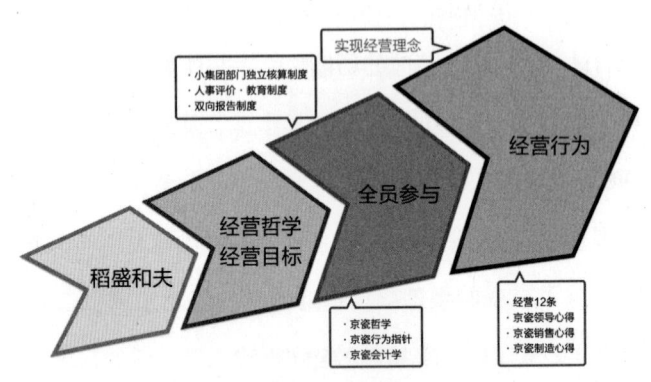

图4 稻盛和夫先生的经营（当下）

也是在这个过程中，随着经营哲学的进化，稻盛先生认识到全员参与经营的重要性。基于这样的思想，稻盛先生在企业里打造了可以实现全员参与的环境，即"稻盛模式经营管理体系"。包括：小集团部门独立核算制度、人事评价·教育制度、双向报告制度等。为了更好地实现全员参与经营，对员工进行哲学教育，主要学习内容为京瓷哲学、京瓷行为指针、京瓷会计学等。

基于全员参与的思想及打造出的环境，京瓷员工在经营行为中去践行学到的经营哲学，特别是：高层领导学习的"经营12条"、中层和基层领导学习的"领导心得"、销售人员学习的"销售心得"、制造人员学习的"制造心得"。

在京瓷，员工为什么要学习哲学，全员参与，产生具体的经营行为呢？

归根结底，都是为了实现经营目的（目标），也就是京瓷的经营理念。京瓷的经营理念中，首先是实现员工幸福，同时要贡献社会。在这样的经营逻辑与经营环境下，全体员工可以毫不怀疑，全力以赴地投身于工作！

稻盛先生经营企业的手法，我称之为"稻盛模式"，在前一篇文章中已经为大家解析过了，在此不多赘述。我想特别强调的是，前文中为大家展现的是稻盛先生经营企业60余年打造出的现在版本。实际上这个体系是几十年间从无到有、从粗糙到细致，一点点一步步打磨升级出来的。

比如，关于经营哲学的学习，现在京瓷有《哲学手册》，但其实京瓷的《哲学手册》是1994年出版的。没有《哲学手册》，经营者就不能跟员工进行哲学共有了吗？在京瓷的实践案例上来看，肯定不是这样的。《哲学手册》出版之前，京瓷内部学习稻盛哲学的材料,都是人事部门总结编辑的稻盛先生演讲文章。稻盛先生利用各种机会亲自向员工宣讲,京瓷各部门开早会时也会用这些材料进行学习与心得分享。

稻盛先生从创业开始不断总结自己的经营哲学,在创业二十余年后,将自己的经营哲学整理形成体系。此后,随着经营实践的累积,稻盛经营哲学持续不断地进化。中国出版的《京瓷哲学》有78条,但其来源,即"稻盛语录",其中条目众多,有好几百条。出版时精挑细选,比如,从几百条中选出200条,从200条中选出100条,从100条中选出了"京瓷哲学I"中的78条。为什么称之为"京瓷哲学I"?因为虽然没有对外出版,但京瓷内部是有"京瓷哲学II"的。在京瓷,针对不同级别的员工,哲学教育的材料是不同的。基层员工统一学习"京瓷哲学I",中层以上领导需要学习更难理解的经营哲学,根据可以实践的环境不同,有针对性地进行哲学教育。

## 经营为什么需要哲学?

最后想和大家分享一下,经营为什么需要哲学?
虽然稻盛先生有相关内容的主题演讲,但我还是想强调一下哲学的重要性。

哲学，是作为人应该坚守的"道"，是对"作为人，何谓正确？"进行的总结。如同《中庸》中所讲的那样，"道也者，不可须臾离也；可离，非道也"。

哲学没有界限，是人们时时刻刻都需要的。

现实中，经营企业及工作时必须有哲学，必须明确宣扬理想。假设宣扬理想是一种"向上的力"，与此相反，应对现实是一种"向下的力"，那么这两种力是方向正好相反的作用力与反作用力。真想增强"向下的力"，就必须增强"向上的力"。也就是说，没有向上的理想，尽管我们想努力经营，但实际经营时充满了懈怠。"向上的力"变强时，为了保持平衡，应对现实的"向下的力"也会随之得到加强。这种向上的牵引力，就是哲学！

现实的生活与经营中，肯定不会一帆风顺，遭遇困难与挫折才是常态。为了提升应对现实的"向下的力"，哲学是必需的！

那么，经营企业为什么需要哲学呢？我从以下三个角度来思考这个问题。

· 从与员工相关的视点来看，哲学的有无或是哲学内容如何都会对此产生影响。

·从与社会相关的视点来看,企业规模越大,越是应该明确社会责任。

·拥有哲学,才能设定更高的目标,并促使员工朝着设定的高目标方向奋力前行。

以上是我关于稻盛经营哲学体系的解析,供各位经营实战者参考。

(本篇由藤井敏辉著,明丽翻译)

# 经营篇

# 经营哲学

第一章

## 经营问答 01

**经营哲学与企业文化有什么区别?**

**问**

经营哲学与企业文化有什么区别?

**答**

"经营哲学"指的是什么?在学术上没有定论,不同的学者有不同的看法。在日常生活中,"经营理念""经营思想""价值观""信念"等词语,与"经营哲学"交错使用,很难明确进行区分。

"企业文化"也没有唯一的定义,但就像每个国家、民族,甚至每个家庭都有自己独特的文化一样,每个企业也有自己的文化。虽然看不见摸不着,但人们可以感受得到。像企业内部一些特有的习惯,企业员工特别是基层员工身上体现出来的"精气神儿",比如"勇于挑战""干劲十足""热情四射"等,都可以称为企业文化。

回到京瓷这个稻盛先生经营的企业上来看,"经营哲学"首先是稻盛先生这位经营者的哲学,稻盛先生把自己的人生活法与经营干法进行总结,升华成经营哲学。

虽然京瓷学习各种哲学教材,还有《京瓷哲学》《京瓷会计学》《制造心得》等经营哲学手册,但这些绝不等同于企业的"经营哲学"。

有些研习稻盛经营学的经营者,容易陷入这样的误区:我们企业重视经营哲学,所以必须有《哲学手册》。但由于自己太忙了,就把制作《哲学手册》的所有工作都交给高管和咨询机构来完成;或者是把京瓷哲学原封不动地变为自己企业的《哲学手册》。这样制作出来的《哲学手册》,就是没有经营者思维方式和行为姿态的《哲学手册》,只不过是几页纸而已。因此,经营者首先必须有哲学!因为企业里的人,不是跟着稻盛先生,而是跟着这位企业的经营者在工作。

在京瓷,经营三要素中的"经营哲学"和"经营管理体系"一起打造出"企业文化·风气"。具体来说,就是全体员工能够"统一方向、形成合力",员工在行为姿态上,能够体现哲学。

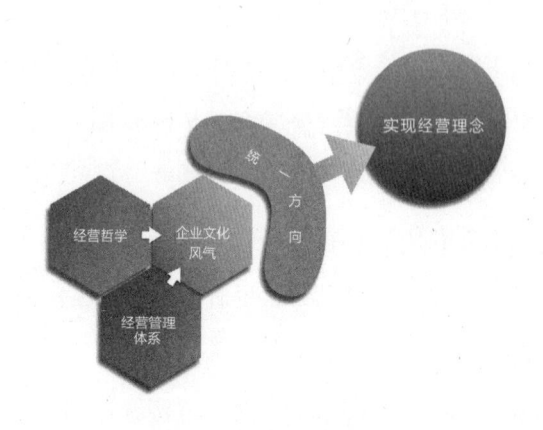

图 5 企业文化的打造

并且,企业文化的打造,绝不是一朝一夕的事情。这个过程,是经营者用自己的行动影响高管、高管影响中层、中层影响基层这样层层渗透的过程。在人生与经营的过程中,经营者提升了自身的哲学,变得更优秀,那么在企业内层层渗透后,打造出的企业文化也会更加优秀。

## 第一章 经营哲学

**经营问答 02**

**经营哲学与阿米巴经营如何同步相互推进？**

**问**

虽然稻盛经营哲学还在学习的过程中，但我认为阿米巴经营实学也应同步实践。那么，请问在同步实践中，两者应该如何相互推进？

**答**

的确，经营者学习稻盛经营哲学并与员工共有哲学，是可以与阿米巴经营双管齐下，并且应该同步实践的。

因为大家学习的稻盛经营哲学，是稻盛先生在几十年的人生与经营实践中，遭遇苦难，努力超越，不断自问自答总结出来的哲学。就算是和稻盛先生有类似背景的经营者，可能也很难一下子理解稻盛先生的经营哲学，更别提没经历过经营实战的一般员工了。所以，应该在阿米巴经营中，打造出实战环境，让员工在经营修罗场这样的环境下去理解、体悟经营哲学。而对哲学的体悟与提升，又能让阿米巴经营发挥出更大威力。

不知贵司是如何进行哲学教育的？如果没有特殊课题的话，导入阿米巴经营以后，请继续用以往的方法学习。

我经常见到一些中国企业在哲学学习时存在同样的误区，在此和您分享一下：

### ①员工不分享实践体悟，领导不进行点评

一些企业要求员工每天读书打卡写读后感，但没有引导员工结合自己的人生与工作去对照哲学，深思哲学。对于员工的学习心得，领导也没有进行点评，去帮助员工更好地理解哲学。

### ②不分层级，大烩菜一锅出

有些企业没有将经营者和一般员工的哲学学习区分开来。我曾见过让一般员工，甚至是刚入职的年轻人去学习经营12条的企业。经营12条是稻盛先生总结的有关"作为经营者应该如何去做"的心得，那么连部门领导经历都没有的一般员工如何能理解得了呢？

### ③求全而不精

从京瓷哲学78条，到稻盛先生的各种著作及演讲稿，经营者自己学习并要求全员学习。这就像日本谚语"住在庙旁的孩童也会念经"一样，在日语里这并不是一句表扬人的话。这

样学习的话，经典只是从耳边过、从眼前过，有多少真能理解体会，映到心里，体现在行动上呢？

关于经营哲学的学习与共有，我的建议是：

1. 企业把稻盛哲学进行整理，确定自己公司要重点学习的哲学是哪些，并转化成自己的语言、员工能听得懂的语言。

2. 由经营者向高层领导宣讲，高层再向下宣讲。经营者亲自向全员宣讲当然好，但企业规模较大时，经营者可能很难照顾到全员。领导宣讲的好处，一是促进其自身更加深入地学习思考哲学；二是领导宣讲时可以结合现场的工作实例，便于部下理解。

3. 在实践阿米巴经营的过程中，一般会基于核算数字召开经营会议。在经营会议上可以重点进行与核算相关的经营哲学教育，聚焦如何提升数字、如何拓展经营的哲学条目。从数字结果复盘经营过程，指导领导用正确的思维方式去创造核算数字。

4. 人生哲学及行为规范的教育可以放在日常哲学教育中。

5. 各部门，如销售部门、制造现场也可以从自己的日常工作出发，有针对性地学习哲学。比如，在京瓷销售部门学习的"京瓷销售心得"，制造部门学习的"京瓷制造心得"，这些心得并非技巧,都是哲学。

以上是我的分享。如何更好地同步推进哲学与实学?期待您在实践中总结经验,多多分享交流。

## 经营问答 03

**如何将哲学转化为数字？**

**问**

如何将哲学转化为数字？

**答**

2015年，稻盛先生在盛和塾第23届世界大会上发表了题为《在盛和塾如何学习——将哲学血肉化》的演讲。演讲中专门提到了如何将哲学转化为数字，建议您寻找原文阅读学习。

接下来是我的分享。

稻盛先生一直强调："虽然有些人觉得哲学是哲学，损益计算表是损益计算表，但我并不认同。动真格去实践的人，一定会努力把哲学转化为损益表上的数字。"

以前，稻盛先生出差时都会随身携带损益计算表与标注组织负责人的组织架构表，脑海中浮现着各组织的负责人与核算情况，时刻思考如何经营企业。损益计算表上的数字，像色彩斑斓的电视连续剧一样呈现了公司各部门的经营实态。

并且，在 2015 年的世界大会上，稻盛先生讲话的重点是：

1. 经营者做到使用损益计算表这个工具，就践行"销售最大化，费用最小化"了吗？

2. 经营者真的用心理解损益计算表，在数字中贯注自己的意志了吗？

回到您的问题：如何将哲学转化为数字？

作为经营者，首先应该自己思考：我想如何将哲学转化成数字（思考），我要如何将哲学转化为数字（行动）。如果您现在还没有头绪的话，我想抛砖引玉地问您几个问题：

· 企业用什么实现经营理念？

· 企业需不需要高收益？

· 您的企业每个月是否都能及时迅速地制作月度损益计算表？

· 您每个月都关注企业的核算数字吗？

· 您知道损益计算表上每个科目的含义吗？

· 通过损益计算表等报表，您可以准确把握企业现在的经营情况吗？

· 基于损益计算表上的数字，您是否能够通过分析找出经营上存在的课题？

·对于这些课题,您是否在采取切实的行动进行改善?

·年度计划、月度计划的数字中是否注入了经营者的强烈意志?

·制订目标数字时,是否相信能力将来进行时,挑战高目标?

·制订目标时,是基于方法论的 1+1=2 ?还是为了守护员工的幸福,我们必须做到 1+1=3、4、5……?

期待听到您"如何将哲学转化为数字"的答案。

## 经营问答 04

京瓷是如何进行哲学研修和研讨的？

**问**

京瓷是如何进行哲学研修和研讨的？

**答**

**分层级进行研修、研讨**

京瓷员工在进行哲学研修与研讨时是分层级的，分为干部与一般员工这两个层级。分层级的原因是：不同的层级，表示员工所处的环境不同，在经营上的经验不同，对于哲学的体会深度也是不同的。因此，京瓷组织员工进行哲学研修和研讨时，首先要分层级。京瓷分成两个层级。您的企业在借鉴京瓷的做法时，可以根据自己企业的情况，考虑需要分成几个层级。

**干部层级的哲学研修**

干部哲学研修一般是两天一夜，以合宿研修的形式进行。也就是在酒店封闭学习，从早到晚进行深度的学习与研讨。一般这种研修都是由教育部门进行精心设计与组织的。

1. 在选题上

明确学习主题。因为京瓷哲学条目很多,所以每次选取几条哲学条目进行聚焦学习。比如,这次我们就研讨两条哲学,一条是"在相扑台的中央发力",另一条是"付出不亚于任何人的努力"。

2. 在流程上

观看稻盛先生演讲视频,并由京瓷的内部讲师进行讲解,接下来分小组进行研讨。小组讨论结束后,会有一些总结性发言。

3. 关于讲师

老总亲自讲哲学效果会很好,但京瓷集团规模太大,稻盛先生工作繁忙,很难参与所有哲学研修,所以由京瓷内部讲师来讲解。在京瓷什么样的人能担任内部讲师呢?必须满足两个条件:一是有丰富的哲学实践,也就是说,在阿米巴经营这个环境中,有着作为经营者的深刻哲学实践心得;二是通过公司的培训与练习,具备过硬的语言输出能力。

4. 关于分组研讨

在分组时,一般分为四五个人的小组,每组人数不能过多。每组人数过多时,就会出现有人不发言的情况。为了保证全员参与讨论,要控制好每组人数。研讨的过程是一个切磋交流的过程,不会出现"你那么想,明明就是不对的"那样的争执,而是大家都对自己的哲学实践体验进行交流。

**一般员工层级的哲学研修**

上面介绍的是干部哲学研修。一般员工的哲学研修在组织形式和流程上与干部研修类似,区别主要有以下两点:

1. 讲师不同

干部研修由公司统一的内部哲学讲师来讲解。一般员工的哲学研修,按事业部单位进行,由事业部长来讲解。

2. 研讨中的引导

干部研讨时,主要是切磋交流;一般员工哲学研讨时,有时需要对员工的思维方式进行引导甚至是修正。当然,要注意引导方式,不可简单粗暴地指责员工的思维方式不对,而是用"你是这么想的啊。那其实,这条哲学是这个意思,是不是可以这样来想呢?"的方式,把员工的想法引领到公司倡导的价值观上。

以上是京瓷的做法,供您参考。在京瓷,哲学的学习不仅

## 第一章 经营哲学

是集中研修研讨，还渗透到了每一天的工作之中。也希望贵司在经营哲学的全员学习与渗透中，不要局限于集中形式的学习。

# 关于阿米巴经营

第二章

## 第一节

# 组 织

**经营问答 05**

小微企业（创业初期）要想导入阿米巴经营，第一步应该做什么？

**问**

我们是一个几个人的创业团队，公司成立才三年，现在业务已经走上正轨。我作为经营者一直在学习稻盛哲学，虽然企业文化还没有落地，但现在想在公司导入阿米巴经营。第一步应该做什么？

**答**

首先，关于企业文化，无论是国家民族还是一般的企业，文化都不是速成的，需要历史的沉淀与累积。企业文化是在企业经营发展中形成的，有无企业文化，与是否能够导入阿米巴经营无关。但即使是创业团队，也有必要明确经营理念，经营者应该为团队描绘出能够凝聚人心的梦想，这是作为经营者的职责。

关于导入阿米巴经营，贵司规模如果是几个人的小团队的话，不需要导入"分部门独立核算制度"这样的阿米巴经营。京瓷也不是成立之初就有阿米巴经营。但稻盛先生在运用阿米巴经营的手法之前就非常重视经营时"究竟赚了多少钱""赚的钱到哪里去了"。

请您确认下面三个问题，自己的企业做到了吗？

1. 您企业赚了多少钱，做到正确把握核算了吗？

2. 做到正确把握企业所有物（资产/余额管理）的状态了吗？（余额管理指的是应收账款、应付账款、库存、收入款项管理等）

3. 做到掌握"现金"的动向了吗？

创业之初，稻盛先生认为必须做好的是：月度损益管理、现金流管理、余额管理。

建议您先践行稻盛先生讲的"用数字经营企业"，通过"月度核算管理""现金流管理""余额管理"，做到把握经营过程中的数字。

贵司现在掌握每月经营上的损益情况吗？也就是说，现在有没有每月制作一张财务会计上的"PL表（利润表）"？如果没有的话，建议先从每月制作一张"PL表"开始；如果每月都有"PL表"的话，建议您每月带着团队一起召开经营会议。在经营会议上一起分析"月度PL表"这一经营数据，并研讨如何改善。即使不分部门独立核算，没有管理会计上的核算表，也要让全体成员关心经营数字，愿意想方设法努力提升核算数字，这也达到了阿米巴经营中"全员参与经营，培养经营者意识"的目的。

## 第二章 关于阿米巴经营

### 经营问答 06

**阿米巴经营中组织划分的要点是什么？**

**问**

老师，请您讲讲阿米巴经营中是怎么划分组织的，好吗？

**答**

阿米巴经营中的组织划分和收入设计非常重要，您问这个问题的心情我能理解，但这不是简单几句话就能解说透彻的。在部门独立核算制度的课程上，我为大家解说过一些组织编制的要点，它包括：①基于职能设置组织；②明确各部门的任务与责任；③划分核算部门和非核算部门；④从经营的视角构筑自己企业的核算组织架构；⑤具备组织上的双重确认功能；⑥基于外部环境与自己企业战略战术的变化，不断思考调整组织架构等内容。

希望您能对照自己企业的实际情况，进行以下思考。

### ·两个核心要点

接下来,简单地和您分享一下阿米巴组织编制上核心的两点:

1. 基于功能、任务与责任划分组织,在此基础上明确各部门应该划分为核算部门还是非核算部门。

2. 以经营视点,从经营者的方针与战略出发,构筑可以掌握经营数字、实现组织功能最大化的组织架构。

虽然我给大家分享过:从阿米巴经营的定义上,所有部门都可以给它设计一个收入,使其成为核算部门,但是要想让阿米巴经营真正发挥效果,严格追究核算数字,提升企业附加价值的话,必须先明确自己公司里的部门,哪些是提供产品或服务,负责在外部把附加价值(毛利)赚回企业的。也可以这样理解:公司内部组织要分成两种:一种是前方作战部队,负责进攻;另一种是后勤保障部队,负责支援。像京瓷这样的制造型企业,"制造"和"销售"这两大部门就是典型的前方作战部队。您的企业里,哪些部门是这样的前方作战部队呢?

经营者需要思考并明确企业的经营方针与战略,在此基础之上进行组织架构设计。比如,组织是按产品、按地域,还是按渠道划分?这要看老总现在的市场战略是什么,最想看到什么样的核算数字。数字是为经营服务的，及时准确地核算数字可以为经营者的决策提供依据。阿米巴经营中的组织编制需要深入思考，并不断优化调整，以确保现在的组织编制能够让组织功能得到最大限度的发挥。

此外，我还想分享几个常见小问题：

### ·研发部门是PC（核算部门）还是NPC（非核算部门）？

在进行组织划分时企业比较犹豫不决的，一般是研发部门应该设置为核算部门还是非核算部门。

每家企业情况不同，具体问题需要具体分析。可以给大家分享的一个思路是：如果研发部门或技术部门的费用支出较大，可以考虑设置为核算部门。原因在于，如果设置为非核算部门的话，费用需要由其他核算部门承担，有可能受此影响无法看清其他核算部门的真实经营情况。

### ·组织是划得越小越好吗？

制造行业的某些工序较长、人数较多，比如组装工序有20多个人的时候，这时候需不需要细分成3~5个人的小巴？

从核算部门的收入设计上看，只有"组装"这一种附加价值；从费用和时间上看，划分成小巴后有很多交接点，很难明确统计各自的费用与时间。这种情况下，即使组装工序人数较多，也不建议细分。组织划分不是越细越好，要从经营本质上去考虑。

### ·被忘掉的重要功能

一些有实体店铺的服务型企业进行组织划分时，有时会忘记一些经营时必要的功能。

比如餐饮店，进行组织划分时一般分为大堂、后厨、收银、后勤等部门。被问到销售部门时，一些餐饮店老板会说："我们没有销售部门。"但实际上，经营上不可能一直守株待兔，即使店里没有销售部门，总要有人发发传单，做做推广吧？即使现在没有专门的组织承担销售功能，也需要有其他组织暂时承担该功能。缺失了必要的功能，或是没有明确该功能的责任部门，企业是无法发展壮大的。特别是在阿米巴经营这样的手法下，各核算部门的销售最大化，是基于自己部门的任务和责任来实现的，数字的创造来自使命的明确。

## 经营问答 07

**阿米巴经营中，管理部门可不可以设置为 PC 部门？公司里是不是 PC 部门越多越好？**

### 问

> 阿米巴经营中，管理部门可不可以设置为 PC 部门？公司里是不是 PC 部门越多越好？人事或财务能不能设置为 PC 部门？采购部门可不可以设置为 PC 部门？

### 答

理论上讲，公司内所有部门都可以通过内部规则为其设计一个收入，让其成为 PC 部门。创造出更多的 PC 部门，可以激发企业活力，但 PC 部门并非越多越好，要分析利弊。阿米巴经营并非大富翁那样的数字游戏，必须从企业自身真正的附加价值出发来考虑。

#### ·人事部门和财务部门

人事部门和财务部门不建议设置成 PC 部门，虽然市场上也有人力资源公司或是财务公司提供类似的服务，但对于一般企业来讲，这肯定不是主营业务，不是核心附加价值。并且，如果设置了招聘一个员工多少钱，或是报销一次差旅费收多少钱这样的规则，不仅很难详尽科学地标明所有的服务与价格，反而会影响管理部门履行平等服务所有人的公共职能。无法创造企业经营上真正的附加价值，反而影响公司内部协作支援的良好风气。

### · 教育部门

教育部门可以考虑设计成 PC 部门。部门收入有两种思路：一是把所有研修培训整理成课程商品，分别定价。参加课程的部门支付的研修费当作教育部门的收入；二是从教育部门作为管理职能部门，公平为所有部门所有员工服务的角度，设定"研修手续费"科目，按 ×× 元/小时或 ×× 元/人的单价，向所有 PC 部门征收费用，将该费用作为教育部门的收入。

### · 采购部门

采购部门一般不建议设置成 PC 部门，但如果对公司核算影响重大时，也可考虑设计成 PC 部门。收入模型很难一概而论，需要根据企业具体情况，选择"毛利"，或是"手续费"，或是"合作对价收入"。

### ·管理部门

管理部门一般建议设置为 NPC 部门。NPC 部门的意思是，核算表上只有费用及时间（根据企业自身情况考虑是否需要引入时间概念）科目，没有收入科目。在月度核算时，不追求部门核算的最大化，而追求费用与时间的最小化。但同时，在企业经营中，应明确各部门的任务与责任。也就是说，在阿米巴经营中，管理部门需要履行该部门的任务并承担责任，同时在月度核算中追求费用和时间的最小化。

但其费用让核算部门承担时，可以不采用分摊法，而是采用征收法。就像国家征税一样，管理部门为大家公平地提供了服务，所以可以按"××元/小时"或"××元/人"这样的标准向 PC 部门征收公共管理费。管理部门征收的公共管理费可与管理部门的费用相抵消，激发管理部门提升服务质量、增强节约意识。

第 二 节

# 核　算

**经营问答 08**

**稻盛先生的附加价值三分法是指什么？**

**问**

我听说稻盛先生有个"附加价值三分法"，具体指的是什么？这个三分法和阿米巴经营之间存在什么样的关系？

**答**

首先，我们来看一下附加价值是什么。

附加价值是企业通过劳动资料附加在来自外部的价值物上面的价值。一般有两种计算方法：扣除法与加和法。中小微企业大多使用扣除法。京瓷为了便于一般员工也能理解运用，采用的也是该方法。计算公式为：

附加价值 = 销售额 – 费用（外部购入价值部分）

从本质上来看，企业经营的重点，其实就是如何用"所有本金"更高效地创造出更多的附加价值。

"附加价值三分法"，其实属于稻盛先生的经营思想。京瓷在阿米巴经营中，通过"收入最大化""费用最小化""时间最小化"来追求"附加价值最大化"。

全体员工一起创造的附加价值如何分配？稻盛先生认为应该有三个去向：

1. 以人工费的形式，回馈到员工身上，保障全体员工的物质幸福；

2. 以税金的形式，贡献社会；

3. 股东分红、设备再投资等内部留存。为了能够持续保障员工的幸福与贡献社会，企业必须持续存在与发展，所以必须构筑好企业自身的"水库"。

"附加价值三分法"的经营思想体现了稻盛先生在经营中所坚守的原理原则。企业需要"利润"，但经营者也需要守护好员工，同时必须对国家尽义务做贡献。经营者要从根本上去提升企业的附加价值，而不是绞尽脑汁地思考如何压缩人工成本，少缴纳税金。

（单位：日元）

| 总出货 | 5,600,000 |
| --- | --- |
| 对外出货 | 5,500,000 |
| 公司内部销售 | 100,000 |
| 公司内部购买 | 100,000 |
| 总产值 | 5,500,000 |
| 费用合计 | 3,500,000 |
| 原材料费用 | 100,000 |
| 外包加工费 | 500,000 |
| ⋮ | ⋮ |
| 结算收益 | 2,000,000 |
| 总时间 | 400 |
| 单位时间结算收益 | 5,000 |

附加价值 = 生产物的价值 − 外部购入部分

收入包含：人工费用、税金、利润；成本。附加价值。

图 6　京瓷制造部门核算表示意图　附加价值与附加价值三分法

并且，在京瓷阿米巴经营的核算表中，让员工参与经营齐心协力削减的"费用"中不包含人工费用，结算收益的科目是"附加价值"。在这样的逻辑下，所有员工都知道努力做到"收入最大化"与"费用最小化"，创造的附加价值越多，能够回馈到自己身上的也就越多。

在京瓷的阿米巴经营中，培养全体员工都用"经营的视点"来看待问题，全体员工有着共同的价值观：如果经营恶化，企业创造的附加价值减少的话，能给员工支付的部分也不得不减少；只有企业存在并发展，不断提升附加价值，员工的幸福才有保障，才能为社会做贡献！企业与员工是"命运共同体"！

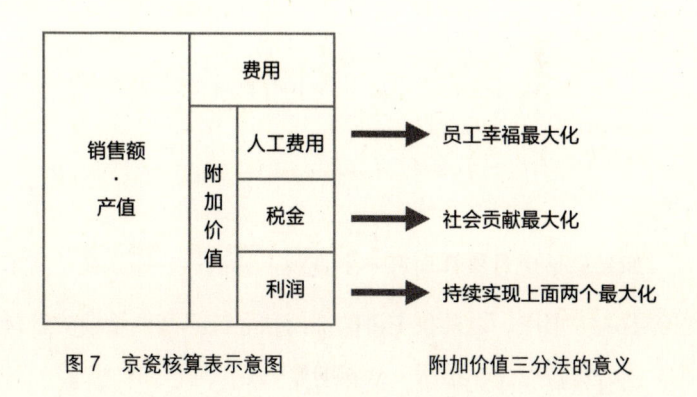

| 销售额·产值 | 费用 | | |
| --- | --- | --- | --- |
| | 附加价值 | 人工费用 | → 员工幸福最大化 |
| | | 税金 | → 社会贡献最大化 |
| | | 利润 | → 持续实现上面两个最大化 |

图7 京瓷核算表示意图　　　　附加价值三分法的意义

在这样的经营环境下，员工才能愿意"付出不亚于任何人的努力"，利用核算表这个工具去钻研创新，改善提升。

## 经营问答 09

**您有阿米巴经营核算表的模板可供参考吗？**

**问**

老师，您有阿米巴经营核算表的模板可供参考吗？

**答**

如果您是想对核算表有一个直观上的认识，那么在《阿米巴经营》一书中，以及我主讲的部门独立核算制度培训的教材中，都有核算表样式举例，请参考。

自己企业的核算表如何设计，必须从企业的实际现状与经营者的经营思路出发。稻盛先生在《阿米巴经营》一书里明确强调了阿米巴经营中组织编制与收入模型的重要性。阿米巴经营中，组织的划分与如何统计收入既是阿米巴的开始，也是阿米巴的完成。

核算表是企业组织架构和各部门收入模型的呈现，因此核算表设计必须从源头上自己思考。不同行业进行阿米巴经营时侧重点不同。并且，即使是行业、企业规模、生命周期上都类似的企业，它的核算表也无法完全套到自己企业使用。

为什么呢？下面举一些例子说明一下。

### ·不同行业

制造行业的核心附加价值来自"制造"的过程，核算的重点是制造工序创造的附加价值；服务行业提供服务或销售商品，核心附加价值来自连接客户的部门及采购等部门，核算的重点是"毛利"。

### ·相同行业

即使同样是制造业，附加价值创造的核心工序可能也不尽相同。附加价值创造的核心工序究竟是切削，还是加工？甚至有些制造型企业其实自己只做组装，反而采购部门（关系成本与品质）的价值贡献巨大。不同的企业特性决定了选择什么样的收入模型。不了解这个公司的内情，如何去参考借鉴核算表呢？

### ·组织编制

组织编制体现的是企业的战略与战术。假设有两家企业，都是休闲零食产销一体化的企业，但组织架构思路可能完全不同。一家企业按地域细分销售部门，另一家企业按产品细分销售部门。不同的组织编制体现了企业占领市场时的不同打法。

究竟选择哪种打法是经营者经营方针的体现。

### ·建议

经营者拥有什么样的经营理念？企业的商业模式与价值主张是什么？事业发展战略上的重点是什么？组织架构按什么思路编制，是按产品、按渠道，还是按地域？在人才组织建设的软实力上是什么情况？这些都会影响到阿米巴核算制度的构筑，也会体现在核算表上。

所以请经营者和经营干部们，在导入阿米巴经营时首先认真思考一下：自己企业的核心附加价值是什么？附加价值是如何创造出来的？

## 经营问答 ⑩

**阿米巴经营和计件工资能够并存吗?**

### 问

我们属于机械行业,是个拥有100多人的公司,员工人数半数以上的一线员工采用计件工资,全体员工都有五险一金。我不把企业当作私有物,正在建立共享制企业,希望和参与经营并付出劳动的员工,特别是骨干共享利润。我以2018年实际完成利润为基数,超额部分中,可分配利润的70%归员工分配,30%归股东分配。基数永远不变,分配比例会逐步向员工倾斜。

我打算导入阿米巴经营,但我的问题是:目前车间在采用计件工资,导入阿米巴后计件工资是否可以继续并存?

### 答

从您的介绍中,我能够感受到您作为企业经营者,希望所有员工一起奋斗,并让所有奋斗者都共享劳动成果的纯粹发心,这是非常值得敬佩的。

### · 利润分配

我想先提供一些与您的提问无关的建议：希望您能重新思考一下利润共享的分配比例。

您应该了解稻盛先生一直在践行"水库式经营"吧！他一直强调提高自有资本率与做好内部留存的重要性。稻盛先生的"附加价值三分法"中，明确了企业创造的附加价值去向之一是内部留存，这样做的目的是保障企业可以永续实现"幸福员工，贡献社会"这一经营理念。

您的利润分配方案中，利润应该指的是税后利润吧。税金是贡献社会的体现，但把税后利润全部分配给员工和股东的话，如何进行内部留存为"水库"蓄水，拿什么进行设备投资、研发投入、应对各种突如其来的危机呢？新冠肺炎疫情不知对贵司影响大不大？很多企业水库里蓄水不够，受疫情影响停产、停工几个月现金流断裂，员工的工资都发不出来，甚至因此破产倒闭。相信您身边一定有这样的例子。

经营就像船在海上夜航，不确定才是常态。

如果您的出发点是希望实现员工的"物心幸福，永续幸福"的话，我建议：超额利润不要全部直接分配给员工与股东。

您心中定一个比例,一定要坚持做好内部留存,以备不时之需。

分配给员工的部分也不一定全部以现金形式,可以用在员工教育与福利等方面,激励员工实现自身成长并构筑稳定的生活基础。

### ·计件工资与阿米巴经营

接下来回到您的提问上。您打算导入阿米巴经营,目的之一应该是实现全员参与经营吧,但可能又考虑到全员经营与计件工资之间有矛盾,所以问了这样的问题。

从结论上讲,阿米巴经营和计件工资可以并存。

当然,计件工资其实是有阻碍员工参与团队协作、发挥潜能的弊端的。但如果您现在就导入阿米巴经营的话,不建议马上取消计件工资。即使取消计件工资,员工的参与意识也不可能马上得到提升。人事制度代表了企业的历史,即使书写新的篇章,历史也是抹不去的。并且,人事制度中的薪酬部分与员工个人利益息息相关,员工非常敏感,必须仔细推敲谨慎调整。人事制度的变动,只能改革,不能革命。

建议您在阿米巴经营实践的初期,不进行人事薪酬上的变动。重点做好两个方面:

1. 让员工在阿米巴经营的实践中体会经营哲学。例如，经营会议上基于经营数字关注经营过程，传递您的经营理念与经营哲学。

2. 打造全员参与经营的内部环境。例如，针对一线现场车间，每月评选最优秀车间（用明确统一的基准），给予优秀车间荣誉。同时，总结优秀车间的成功经验，全公司共有。

在阿米巴经营的初步实践中，员工的参与意识与哲学共有的程度会逐步提升，建议您到时再思考取消计件工资的事情。

## 经营问答 ⑪

**京瓷非常重视核算数字,那京瓷提倡996吗?**

### 问

> 京瓷倡导"付出不亚于任何人的努力",而且阿米巴核算中,时间是一个非常重要的因素,那京瓷提倡996吗?

### 答

要求员工996的企业,那不是黑心企业嘛!

京瓷不提倡996。在阿米巴经营中,加班时间多了,单位时间附加价值也会受影响。工作上倡导的是提升效率,时间最短化。当然,在京瓷有些员工的工作积极性很高,并且为了不影响自己部门的单位时间附加价值,明明加班却不打卡,不计算加班时间。为了避免出现这样的现象,劳务部门会在下班后,去留下来加班的员工那里确认是否申报加班,督促员工打卡计算加班时间。

京瓷的创业精神中,有奋不顾身投身工作这样的精神。我

1974年加入京瓷时，京瓷刚刚上市，还是中等规模的企业，这样的精神与风气还在。当时在工厂工作，的确是披星戴月，早上6点去上班，晚上11点才回家，一个月就休息两天。

但是现在京瓷已经成长为在全球有七万多名员工的大企业，管理上需要更加严谨，如果出现了让员工无偿加班这样违法的情况，即使员工是自愿的，社会舆论的抨击也会很严重。

那么有人可能要问了，稻盛先生不是倡导"要付出不亚于任何人的努力"吗？

事实上，这句话，首先是要求经营者的。很多经营者，作为企业的最高责任者，自己没有付出不亚于任何人的努力，反而指责员工不努力。插一句题外话，有些经营者经常抱怨"自己在哲学教育上很努力了，但企业的哲学渗透效果还是不好"。哲学渗透效果为什么不好？经营者的一言一行体现哲学了吗？经营者付出的真的是不亚于任何人的努力吗？员工是看着经营者的背影在工作，在成长的。

再从"人心"上看。

员工不眠不休努力为公司付出，经营者是不是心里觉得挺高兴？但我们想一想，一般人付出之后，心里肯定是期待回报的。全体员工都996，付出那么多，公司能够对所有人都回报那么多吗?长期的付出与回报不成正比,员工心里肯定会失望,对公司产生不满,工作积极性也会下降。员工心里的"不愿意",对组织活力与绩效带来的危害是巨大的。

归根结底,经营,就是经营人心。

## 经营问答 ⑫

导入阿米巴经营之后，如何打造员工主动挑战高目标的氛围？

### 问

导入阿米巴经营后，员工对核算结果（单位时间附加价值）不太关心，预定目标没有达成也不着急。要是追问为什么没有达成，员工就会找各种理由。我认为我们公司还没有形成全员挑战高目标的氛围。

我的问题是：如何打造员工主动挑战高目标的氛围？

### 答

我想先和您分享一下我的经历。

我在京瓷负责的子公司里，也有您说的这种员工。甚至是已经当了领导的人，也有被动填写月度核算目标的。比如，追问为什么月度预定目标没有达成时，我也收到过"上级领导让我填写的，没达成不能赖我啊"这样的回答。

那么，这样的问题如何解决？也就是说，如何能让员工更积极主动地参与到阿米巴经营中呢？

我分享以下三点：

### 1. 回到自身来思考这个问题

作为经营者，我们必须知道：从经营者到高管、中层、基层，不同层级的领导，身上的责任感本就不同。这一点大家应该能够理解吧。我们自己应该认识到：不是所有人都跟自己这个经营者一样有着相同程度的责任感。要把不一样当作正常的。

### 2. 养成意识时，要分层级有重点

公司让员工养成"积极挑战高目标，对核算数字负责"的意识时，也是要分层级的。也就是说，对领导的要求要高于一般员工；对高层领导的要求要高于基层领导。在人才培养上，京瓷其实最重视的是前线的指挥官，也就是科长级别领导。这个阶层的领导，承上启下，既能领会高层方针，又离现场第一线最近，对基层员工有着巨大的影响力。这个层级的领导如果培养不好，公司里可能经常会出现"上有政策，下有对策"的情况。

说点儿题外话。在京瓷,大学毕业生进到公司里,大概三年就有机会担任现场的阿米巴长,平均五年左右升到系长,十年左右能够担任科长。到了科长级别的员工,他们内心是更加认同公司价值观的。他们也更能理解经营理念,并且会胸怀"必须创造核算,保障伙伴们的幸福"这样的强烈意愿。所以京瓷在阿米巴经营中,对这个级别的领导,会严格地追究核算。如果在基层领导或一般员工还没有真正接受公司价值观,对公司产生信赖关系时,就同样严格追究的话,一般员工说不定就辞职不干了。

总之,公司应该打造出的,是员工认同公司的价值观、拥有信赖关系的环境氛围。这是一个过程,而且一定是分层级由上向下推进的。此外,企业中承上启下的领导非常重要,需要重点教育。在京瓷,是科长级别的领导;在您的企业里是哪个层级的领导,需要您自己思考。

### 3. 让一般员工获得乐趣

激发一般员工关心核算数字时,要创造一个能让大家获得乐趣的氛围。比如,京瓷的经营管理部门经常会牵头组织一些"核算竞赛活动",为各核算部门指定一些核算指标,看看哪个部门干得最好。这样的活动,能够激发目前责任感还比较淡薄的员工也能关心数字,让他们感受到努力创造核算数字,实现目标,获得这个过程中的乐趣。

## 经营问答 ⑬

**京瓷如何通过核算,在阿米巴经营中控制产品质量?**

**问**

阿米巴经营中如何控制产品质量?会不会出现过度关注价格而影响产品质量的弊端?

**答**

一般企业的阿米巴经营实践中会不会出现品质不良,我不得而知。可以和您分享一下京瓷的阿米巴经营中是如何保证产品质量的。

**从内部交易的角度**

我们首先一起想一下,如果是两个公司之间进行交易,出现品质不良问题的话,一般会怎么解决?

买方应该会投诉,要求退货或调换,是吧?无论是退货退款还是调换,对卖方的核算数字(盈利)都会产生负面影响。

京瓷的阿米巴经营中,各阿米巴就像小公司一样进行经营,每个阿米巴都要对自己出货(对外出货或是内部出货)的产品承担品质责任。各阿米巴在和自己的客户（其他阿米巴）进行交易时，为了不产生退货或调换进而影响核算数字，是非常重视品质的。

因为品质不良产生的退货会直接导致"收入"的下降；重新制造的话，原材料费会增多，时间会增多，从而导致单位时间附加价值的下降。京瓷的阿米巴经营中，不存在过度关注价格的情况，各阿米巴最关注的是附加价值的创造与效率的提升。

**品质不仅是制造部门的责任**

在阿米巴经营中，明确地界定了各部门的职责，各部门在职责范围内全力以赴。同时，各部门的员工也非常清楚，不仅要追求个体最优，也必须重视整体最优。

在京瓷有这样一个说法，销售要为品质负责。其含义是，销售部门直接对接客户，作为连接外部客户与企业内部的部门，必须及时准确地将外部客户的需求传递到企业内部。在出现品质问题时，也不能置身事外把责任都推给制造部门，而是应该具有团结一致服务好客户的精神。

此外，采购部门从供应商的选择以及原材料与零部件的采购上要保证品质；品质管理与品质保证部门、入库验收部门都会履行好自己的职责，一起来守好公司的品质关。

## 经营问答 ⑭

**阿米巴经营中如何践行"每日核算"?**

**问**

为了及时发现异常,防止浪费产生,我想践行"每日核算",但听说"每日核算"的管理成本很高,刚开始实行的时候难度也很大。阿米巴经营中应该如何去践行每日核算?

**答**

不知道您对"每日核算"是如何理解的。您提到了管理成本很高,是不是误解成每天都要制作一张核算表?稻盛先生讲的"每日核算",并非指每天一定要做出一张核算表。

### "每日核算"的含义

稻盛哲学中的"每日核算"究竟是什么意思?我们先看一下稻盛先生是怎么说的:经营企业,不能只看月底做出的核算表。月度核算表是细小数字的累积,是根据每天的销售额和经费的累计,计算出来的。我们必须意识到一个月的核算结果是每天核算的积累。在经营中，如果不看每一天的数字，就像不看仪表盘驾驶飞机一样，不知道飞机飞往何处，在哪里着陆。同样，不看每天的经营数字，就不可能达成经营目标。

稻盛先生在"每天都进行核算"这一京瓷哲学条目中，强调的是：如果做不到每天关注反映经营状态的核算，就无法知道每天的核算情况，也不能及时采取对策，达成目标。核算是每个人、每一天的生命姿态累积而成的结果。因此，应该带着"每一天，我们都在进行关乎核算结果的经营活动"这样的强烈意识去行动。并且，每日核算，并非只关注数字的推移，没有目标、光看数字实绩的变化也是无效的。

京瓷阿米巴经营中践行这一哲学条目时，体现出的是月度核算管理中的进程管理。也就是月度预定（月度目标）确定后，在当月经营的每一天，确认目标达成率。进行管理的时候不一定要制作详细的核算表，可以根据部门的实际情况，选择对目标达成产生重要影响的核算表科目进行管理。

比如某制造阿米巴，核算目标达成时最重要的是产值和原材料、公司内部采购（前工序提供的半成品），那么每天这些科目的当日实绩以及当月累计实绩就会被重点关注，每天开会时进行相关信息的共享。为了提升全员进程管理的意识，各阿米巴还会以图示的形式，把当月重要目标的达成率推移图张贴在显眼的地方。这种推移示意图制作上非常简单，当月工作日是20天的话，把100%分到20天，也就是每天必须完成5%。

当日实绩或是当月累计实绩没能按目标完成时，就需要探究原因，及时着手改善。就像您在问题中讲的那样，不是等到一个月经营结束已经产生很多浪费了，再去想如何补救和改善。

**"每日核算"践行的第一步**

当然，"每日核算"在阿米巴经营中能够践行，前提是重要核算科目的实绩每天能够及时统计出来。如果公司规模不是很大的话，只要制订好统计基准和规则，用Excel表手工制作数据，也是可以践行"每日核算"的。

实际上很多企业做不到"每日核算"的一个重要原因是，做不到"今日事今日毕"，会以"今天太忙了，没时间"等理由进行拖延。从次第上看，先做到"今日事今日毕"，把每天重点科目的数字实绩统计好，可能是很多企业在践行"每日核算"时需要迈出的第一步。

## 第二章 关于阿米巴经营

经营问答⑮

**阿米巴经营中，产品生产周期长时如何进行每日核算？**

问

我公司推行阿米巴经营的过程中，模具部门还不能实现每日核算（每天做出一张核算表），其他部门可以。模具部门不能实现每日核算的原因是从制作到客户认可产生销售的周期较长，一般3～6个月，有时长达1年。现在模具部门是按完成度进行月度核算的，为了更好地进行改善，我想实现在模具部门每日核算。京瓷的模具部门是如何进行每日核算的呢？

答

贵司希望实现的"每日核算"是每天做出一张核算表，对吧。京瓷的模具部门没有这样的"每日核算"。稻盛先生讲的"每日核算"，重点在于每天关注进程，重要的核算科目（产值、原材料费等）是不是按计划顺利推进，而不是每一天一定要制作核算表，算出当天的单位时间附加价值。

贵司的模具部门，或者是一些生产周期较长的行业，如建筑、软件等行业，没有必要实现每天出一张核算表的这种"每日核算"。建议在部门核算的同时，进行项目单项核算。京瓷的模具部门就是这样做的。比如，预估制作这单模具需要的返工调整次数、时间、收入、费用、附加价值等，用类似核算表的模板在制作之前就制订目标数字，开始制作后每个月统计填写进程、实绩数字，在完成时填写结果实绩数字。这样可以更精准地进行进程管理（特别是调整次数、时间、原材料费等重点科目），同时可以通过单项的目标与实绩差异对比分析，找出课题，更好地进行改善。

此外，不知贵司模具部门的收入计入基准是什么？是对外出货，还是客户验收？建议采取对外出货基准，因为顾客验收需要多久，很大程度上要看销售部门有多给力。设计核算规则时，让模具部门感受到收入、费用、时间这些科目都是通过自己的努力能够改善的，可以更好地激发部门成员的改善意愿。

## 第三节

# 定 价

### 经营问答 ⑯

**如何实践"定价即经营"？**

**问**

在稻盛经营哲学实践研究会的交流会上，我们研讨了"定价即经营"。

但实际践行时，作为外贸行业，关于价格和价值面临着这样的难题：卖货时，客户希望小批量低价格、交期紧、发货后再付款；进货时，供应商不缺订单、交期长、价格不好谈、现款提货。

这样的订单接了的话，不是亏本，就是得提供低品质产品或是延长交期；不接单的话，企业如何生存？

**答**

您的难题可能不仅是产品"价格与价值"的问题。

不知您有没有深刻思考过自己企业的商业模式(企业持续赢利的机制),特别是价值主张(核心附加价值)?

- 客户是谁?(Who)
- 价值是如何创造、提供给客户的?(How)
- 提供了什么样的价值?(What)
- 为什么能产生利润?(Why)

| 合作者 | 关键活动 | 价值主张 | 顾客关系 | 顾客细分 |
| --- | --- | --- | --- | --- |
| | 经营资源 | | 渠道 | |
| 成本构造 | | 收益流 | | |

图 8　商业模式分析

贵司是外贸企业,但您对企业的定位是服务业还是制造业呢?

现在有些制造业企业,只做微笑曲线的两端,自己没有工厂,致力于研发与市场营销,仍然可以创造制造的附加价值;一般的贸易公司,其核心附加价值其实来源于采购。如何把售价与进价之差(毛利)做到最大化,是赢利的重点。

您的企业在创造什么样的附加价值呢？

以往的外贸行业，靠着外语和互联网带来的信息不对称优势，就可以接单生存。但随着科技的进步与互联网的普及，不会外语的人借助翻译工具也可以直接对接外国客户，不深挖自己企业可以提供怎样的附加价值的话，就会产生您现在面临的难题。

您的企业的核心附加价值是什么？是信赖关系？是过硬的技术？是品质保证？是降低制造成本？是为没有销路的厂家开拓市场？还是……这个问题只有作为经营者的您才能回答。

回到"定价即经营"上。关于定价，一般分为：

1. 加利主义（成本累积主义）

→成本 + 利润 = 价格

2. 植入主义

→市场价格 – 利润 = 成本

3. 提案主义

→促进客户企业赢利（确保提升）的提案

京瓷实践的是"植入主义"：把消费者上帝决定的市场价格作为绝对正确的价格，明确"我想要多少利润"，以此倒逼"成本必须做到 ×× 以下"。

我在分享"定价即经营"这一经营哲学条目时,曾提到过"提案主义",可能对您更有启发。只要能够保证为客户带来利润,顾客一定不会拒绝,自己也能拥有定价权。

但如何进行"提案"?这也是属于您的思考题。

## 经营问答 ⑰

### 阿米巴内部交易如何定价?

**问**

阿米巴经营中内部交易的定价原则是什么?如何传递市场压力?定价如何保证公平与公正?如何成功避免部门之间的博弈,或者说部门之间交易价格如何更公允、更低成本地确定?

**答**

京瓷阿米巴经营中,内部交易的两个阿米巴自主协商定价,原则就是交易双方都同意。

在定价上采用的是售价还原法,市场价格倒推到企业内部交易环节,实时传递市场温度。比如订单生产销售模式下,一个产品市场价格下降了10元,最终出货的制造部门核算数字上该产品的单价下降了10元。为了不让自己部门的核算下滑,该部门的领导会向上游内部交易部门提出价格交涉,争取比以往更低的内部买入价。但10元的降价不可能全部由上游内部交易部门承担，最终出货部门还是需要通过自己部门的努力，降低费用（比如提高成品率、减少不良率、削减各种费用）与减少时间（如提升生产效率）等。在单价下降的前提下，改良改善，努力提升自己部门的核算。

京瓷的内部交易定价，没有绝对的公正公平，追求的是当事人的认同。也就是，双方都同意就可以进行交易。外部真实的市场环境中，商业交易价格真的公正公平吗？只要双方都乐意接受就产生了交易，不是吗？

具体如何定价，有几种思路：

1. 参考市场同类产品的价格；

2. 外部市场没有的半成品零件，通过售价还原，确定大致的完成比例，计算出工序报价进行参考；

3. 没有任何参考信息，两个阿米巴长协商也无法达成一致的话，请上级领导加入，一起协商。

这时需要注意的是，上级领导加入协商时，更多是给予思路上的指引与建议，不可生硬地指定一个交易价格。如果交易价格是上级领导决定的话，那么如果核算数字不好，阿米巴长就可以找借口："因为定价有问题，我这个月核算结果才不好。"可以让买卖双方一起拿出自己阿米巴的核算表，分析一下什么地方可以做更多改善，降本增效，将订单做成赢利的。

实际上，在京瓷，没有市场参考信息进行内部交易时定价也很难，所以稻盛先生强调"定价即经营"。正是因为难，才锻炼了阿米巴长的经营意识。并且，正是因为交涉价格时，都想让自己的部门多获利，阿米巴长更需要在阿米巴经营的实践中体会践行经营哲学，让"感谢""利他""直面困难""认为不行的时候才是工作的开始""勇于挑战""追求人类的无限可能性""不断从事创造性的工作"这些哲学条目不仅仅停留在读书打卡上，而是实实在在地落地。

## 经营问答 18

零售行业如何践行"定价即经营"？顾客发现自己买贵了的时候，会不会对企业产生不认可？

**问**

我是从事壁布与窗帘销售的。稻盛先生说："要以客户接受的最高价格销售产品。"但是我们销售的产品只在一个城市销售，如果同样的产品，服务也基本一样，价格有一定差别的话，会不会不太好？毕竟城市小，客户虽然认可当时的成交价格，但是当得知自己购买的产品和身边的人有一定数额的差数时，客户应该又会不认可自己的产品和公司。我总是有这样的担心，不知道我的担心是否多余？

**答**

在您所从事的零售行业，顾客如果购买同样的商品，过后发现自己买贵了，的确可能出现类似于"那家店怎么卖我那么贵，以后不去那家店了！"的想法。但前提是"同样的商品"。

零售行业销售的是商品,但商业的本质是创造附加价值。您为顾客提供的只是商品本身吗?现在电商渠道的价格低,也很便利,为什么还是有顾客到实体店去购物呢?您有没有思考过这是为什么?

实体店的品牌、诚信等是能让顾客产生信赖的因素,也是一种"附加价值";您从事的窗帘销售,不光是零售业,其实销售的同时也在提供咨询服务。专业的咨询服务、为客户提供整体解决方案,这些都是"附加价值"。所以,看上去顾客在不同店铺买的是同样的商品,但客户获得的附加价值是不同的。

接下来,咱们来看一下稻盛先生讲的"定价即经营"意思究竟是什么含义。

大家一般在书籍上学习到的"定价即经营",意思是"洞察到顾客愿意购买的最高价格,以该价格售出"。但其中蕴含的意思是:必须积极收集信息,正确把握市场和经营对手的动向,在正确认知自己产品价值的基础上决定价格。经营者必须明确自己企业商业模式中的价值主张(核心附加价值)。

您销售窗帘时,是只卖窗帘,还是同时提供"视觉设计""整体解决方案"这样的提案服务?

此外，一般企业的定价方式是"加利主义"：成本+利润=价格。而京瓷采用的是"植入主义"：市场价格-利润=成本。京瓷的做法，是把市场价格当作正确的价格，明确自己想要多少利润，据此努力降低成本来挤出利润。所以即使和竞争对手卖一样的价格，京瓷也可以获得更多的利润。当然，降本不意味着偷工减料，而是通过钻研创新、改良改善、提升效率来实现的。

您从事的虽然不是制造业，但肯定有降本的空间。比如，窗帘一般都需要打褶子，究竟褶子的幅度多大才会既不影响美观又可以节省布料？这就是一个可以钻研的地方。再比如，在日本窗帘的布料分为A级、B级等（不知道中国是不是同样的分级方法），其实A级、B级的差异很小，可能只是几个小瑕疵而已。能不能通过精心设计，让B级布料的成品和A级一样美观精致？这样的钻研创意可以用在降本、提升利润上。换个思路，这也是在把同样的商品，加上专业提案服务的附加价值，卖出顾客可以接受的更高价格。

"定价即经营。"定价时，还是要回归到经营的本质、附加价值的创造上。

## 第四节
### 薪酬分配

**经营问答 ⑲**

导入阿米巴经营后是否应该取消销售提成?

**问**

我正准备在企业里导入阿米巴经营。从阿米巴经营的配套人事制度课程上,我学习到:稻盛先生不用物质激励,京瓷是没有销售提成的。在阿米巴经营中,如果一部分人拿高提成,会影响部门成员间的合作,影响全员参与经营的氛围。我很认同,也想取消提成。但我们这个行业,销售人员都有提成,一下子就取消,压力肯定很大。导入阿米巴经营,一定要取消提成吗?需要马上取消提成吗?

**答**

对于贵司导入阿米巴经营时是否应该取消销售提成这个问题，因为不了解具体情况，我无法给出明确的建议，只有一些想法和您分享。

首先，稻盛先生从来没有说过企业经营时不能用物质激励，销售人员不能拿提成。并且，京瓷也不是完全没有销售提成，销售太阳能设备是有提成的，只是金额比较少。

整体上来看，企业的所有制度都应基于经营者的思想、企业的经营理念来设计。直白地讲，就是：经营者明确自己的想法，说我所想，自己做我所想，要求员工做我所想。

稻盛先生的经营思想中，认为"企业创造出的业绩，是所有员工努力的结果"。所以，京瓷的人事评价制度中体现出"部门业绩不是一两个能人，而是部门全体成员的贡献"以及"企业业绩不是一两个部门创造的，而是所有部门的贡献"的思想。

一般企业采用提成制，是基于"多赚钱，就更幸福。人为了更幸福，就会努力工作获得更多提成报酬"这样的思维方式。但是稻盛先生认为，人在满足了基本生活后，并不一定是

## 第二章 关于阿米巴经营

物质生活越丰厚就越幸福，也不一定有动力去追求更多的物质收入。稻盛先生希望人们磨炼灵魂，在经营企业时希望实现员工物心双幸福。所以京瓷构筑的人事制度中，包括"希望员工感受到人生的意义与工作的喜悦，激发员工明确使命履行责任"这一部分。因此京瓷没有一般意义上的销售提成。

回到贵司应不应该取消销售提成这个问题。

提成作为薪酬（人事）制度的一部分，应该和您的经营思想及贵司的经营理念逻辑贯穿统一，而不是因为京瓷的阿米巴经营中没有销售提成，所以自己公司运用阿米巴经营时也不能有销售提成。

从销售提成本身上看，事物都有两面性，提成这种薪酬种类有利有弊。好处在于可以直接激发员工通过自己的努力提升个人业绩；弊端在于个人努力提升业绩时，是否违背公司的价值观，是否有损团队协作精神这些方面是无法顾及的。

同时，制度如何运用也很重要。比如贵司的销售提成在员工个人薪酬结构中所占比例是多少？销售人员和其他部门员工的薪酬对比是什么？一般销售人员和中层领导、高层领导的薪酬对比是什么？设置了一定的销售提成比例，但有没有实际支付能力？（高销售业绩与高附加价值、高利润不一定画等号）

上面的这些问题需要您自己思考。

希望您在学习稻盛经营学与京瓷的各项制度时,能够"知其然知其所以然"。没有人能够成为稻盛先生,也没有一家企业与京瓷完全相同。在实践之路上,只能"学稻盛,做自己"!

## 第二章 关于阿米巴经营

**经营问答 20**

**连锁门店经营模式下如何对店长的业绩进行考核？**

**问**

我有几家连锁门店，参考京瓷人事制度，从三个评价维度（哲学、业绩、自我革新的能力）对店长进行考核。在业绩方面，按照店铺实际经营业绩数字进行评价。我这样对店长进行考核有问题吗？

**答**

如果贵司的经营理念及人才画像都与京瓷类似的话，参照京瓷人事考核的三个评价维度（哲学、业绩、自我革新的能力），是可以的。在业绩方面，您按照店铺的实际经营业绩数字来进行评价，思路上也没有问题。以下有两个提醒，供您参考：

**1. 不唯数字结果论，关注过程**

按照实际经营业绩数字来评价业绩，但不要唯数字结果论。不仅要看数字结果，更重要的是关注创造数字的过程。贵司是连锁店铺经营模式，这种情况下，经营者很容易把各个店铺的业绩排名次，以业绩的绝对值大小来评价店长的业绩贡献大小。但是，光看结果——B店业绩50、A店业绩100，就得出A店长比B店长业绩贡献大这样的评价，有时会有失公平公正。因为有可能是：B店地理位置差或是刚开业没有固定客户，店长付出了很多努力（热情），把业绩从0做到了50；而A店地理位置佳或是因为经营了一些年头而有固定客源，店长没有付出特殊的努力（热情），业绩贡献不过是把原有的90提升到了100。

**2. 店长的业绩也包括培养部下**

贵司是连锁经营模式，企业发展的关键就是人才，特别是能够担任店长的优秀人才，因此应在日常经营中就重视候补店长的培养。最好的方法是在现场培养，人才培养的直接负责人就是店长。将培养部下作为店长的业绩考核内容之一，有助于店长明确自己的职责。

同时应该向店长宣讲为什么需要他培养出更多候补店长。需要让店长明白：企业为了实现经营理念，必须发展。公司要拓展更多门店，必须有合格的店长。所以培养部下、实现人才辈出就是在为公司做贡献，并且，随着公司的发展，总部也需要有更多高层领导。优秀的店长会升到总部,这时他负责的店铺怎么办?因此必须培养好接班人。

那么,怎么考核店长培养部下的这种业绩?有明确的标准吗?

人才培养属于教育,我们知道教育中最重要的是因材施教,没有所谓的标准方法,不是店长做了规定好的几个动作就叫作在培养人才,就能够培养出人才。但这种业绩的衡量标准是有的。公司的人才画像,也就是您作为经营者认为什么是优秀人才应该是明确的吧。店长培养出了您认为优秀的人才,这就是有业绩。

稻盛模式：经营实战问答

> 经营问答㉑

运用阿米巴经营的企业，企业薪酬分配时应该以附加价值为基准，还是以利润为基准？

**问**

我们企业属于服务行业，是家有100人左右的公司，按照服务区域，分成个10个阿米巴。实践阿米巴经营已有两年，最开始核算到每个阿米巴的净利润（销售额－业务费用－分摊总部费用－人工费－增值税＝利润），PC部门和NPC部门核算表里都有人工费科目。今年我们想升级成更符合阿米巴经营理念的做法，所以想把人工费从核算表科目中拿出来，核算附加价值。但是有一个疑问，在薪酬分配上究竟应该考核什么？如果考核附加价值，那么利润还有意义吗？假设销售没有完成，人工成本没有管控好，附加价值尽管是正数，但是这个阿米巴实际上是亏损啊！以往是按照净利润考核，今年我们如何考核呢？

**答**

您的疑问其实可以分成两部分：

1. 考核每个阿米巴的组织业绩时，按什么基准？也就是核算表中的核心指标是什么？

2. 员工薪酬相关的分配机制上应该如何考虑？

**阿米巴经营的理念**

回复您的疑问前，我想和您交流一下，什么是"更符合阿米巴经营理念"的阿米巴经营？

这句话可以从很多角度进行理解，不知贵司是如何理解的。我想从阿米巴经营的定义上进行理解。

所谓阿米巴经营，是指把公司按照不同功能划分为小集团，活用部门独立核算制度，让所有组织成员参与到经营活动的过程。我理解的更符合阿米巴经营理念的干法，应该是更好地"实现全员参与经营的"干法。只要符合这个阿米巴经营的本质，企业就可以选择适合自己实际情况的干法。

**组织业绩核心指标**

京瓷核算表中没有人工成本，最重要的原因是阿米巴长不能管控人工费。阿米巴经营中，希望员工参与经营、集思广益、进行改善。所以核算表中的科目，都是通过阿米巴全员努力可以进行改善的科目。

当然，核算表中，也不是不可以加入人工费科目。有些服务业，人工成本之外的成本很少有些经营者认为费用里不算上人工成本的话，得出的附加价值太高，员工会产生高利润的错觉，会要求多发工资奖金。如果员工的意识一开始很难转变的话，也可以把人工费计入费用科目。但这时，本来阿米巴经营中应该实践的原理原则之一"费用最小化"，是否会让员工产生"我的工资需不需要最小化？"这样的疑问？为了更好地实现全员参与经营，需要打造出让员工可以毫不怀疑，全力以赴投身工作的环境，对吧？

您的问题中，提到了"销售没有完成，人工成本没有管控好，附加价值尽管是正数，但是这个阿米巴实际上是亏损"，这个想法非常好。

人工费的确是企业经营上重要的成本，必须管控好。所以在京瓷，基层阿米巴用的核算表中没有人工费，核算核心指标是"单位时间附加价值"；而科长以上级别的领导看的核算表是加上人工费，核算到税前利润的。全员经营中，实际上对不同级别领导的经营意识和责任要求，应该是不同的。贵司对阿米巴长应该承担的责任是如何定义的呢？

再者，虽然阿米巴经营中有"单位时间附加价值"这样的统一的评价基准，但不同行业、不同部门的重点关注指标其实是不同的。一般零售业，或是销售部门，单位时间核算之外，"人均销售额"这样的指标也非常重要。订单生产商业模式的制造行业，销售部门的接单额甚至比销售额更应关注。

建议贵司好好思考一下，对自己企业来说，什么是"更符合阿米巴经营理念"的干法？据此来思考核算表费用科目中是否需要加入人工费。

**阿米巴经营不是分配工具**

阿米巴经营本身不能帮助企业解决如何分钱的问题，企业的分配机制如何设计，应该以经营的视点，从企业整体考虑。不建议单纯按照各阿米巴的业绩高低来评价组织，不建议在各阿米巴内分配创造的附加价值（或是利润）。公司是一个整体，需要全员"统一方向，形成合力"去实现共同的目标。在考核和分配机制上，应考虑到如何促进各部门互相协作，齐心合力，以实现企业整体目标。

同时，也应注意不要让各 PC 部门产生业绩都是自己创造的心理，不能忘记业绩离不开公司这个平台的支撑、NPC 部门的支援协助。

## 第五节

# 人事评价

**经营问答㉒**

**京瓷是如何以"资格等级"为核心来制订人事制度的?**

**问**

老师,我在您的"京瓷人才培养机制"课程上,学习到了以"资格等级"为核心制订人事相关制度。但对于资格等级和其他人事制度的关联性,我理解得还不太透彻,您能再讲解一下吗?

**答**

简单地和您分享一下稻盛模式人事制度的设计与运用逻辑。

第二章　关于阿米巴经营

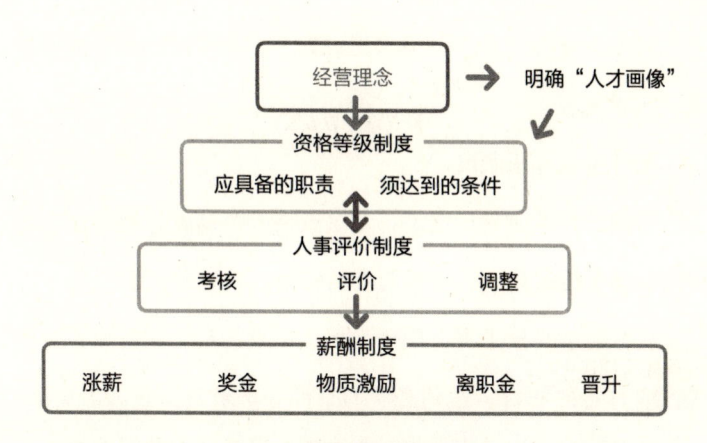

```
经营理念  →  明确"人才画像"
    ↓           ↙
  资格等级制度
  应具备的职责   须达到的条件
    ↕
  人事评价制度
  考核   评价   调整
    ↕
  薪酬制度
  涨薪  奖金  物质激励  离职金  晋升
```

图 9　稻盛模式人事制度逻辑

**明确人才画像**

稻盛先生的《经营 12 条》中，第一条就是明确事业的目的与意义，在京瓷称之为"经营理念"。学习稻盛经营学的朋友们，应该都知道京瓷的经营理念：追求全体员工物质与精神两方面幸福的同时，为人类和社会的进步与发展做出贡献。稻盛先生经营企业时构筑和运用的所有制度，都是为了实现这一经营理念。

人事制度也不例外。为了实现经营理念，企业需要培养人才，通过人的成长来促进企业的发展。企业需要什么样的人才？每家企业都有自己的需求。设计人事制度时，首先应该明确"人才画像"。

**制订资格等级制度**

明确"人才画像"之后，通过资格等级制度，划分员工的层级。这个层级体系是人事制度的骨架，其意义在于：

从企业的角度上看，明确地揭示出期待员工如何成长（如履行应具备的职责、达到必要的条件等）来为企业做出贡献，即企业希望员工做什么，做到哪种程度。并且，京瓷资格等级制度中展现企业这样的态度，不是急于求成，而是从人才培养的角度，为员工设置成长的阶梯，希望员工一步一步脚踏实地攀登。

从员工的角度上看，能够明白自己的职业生涯如何规划，应该朝什么方向努力。想要升职加薪，需要在每个阶段，达到哪些基准，这样才能让员工可以安心地付出不亚于任何人的努力。

**制订评价制度，将评价结果应用于员工薪酬发放及教育**

接下来还需要制订人事评价制度。基于人才画像与资格等级基准，设计不同资格等级的考核表以及评价流程与规则。用清晰易懂的语言，描述考核表的大项与细节条目，更加明确地告诉员工：在你所处的资格等级上，企业希望你做什么？企业按照什么样的评价基准来评价你？这是在为员工明确地指示"日常工作应该如何干"。

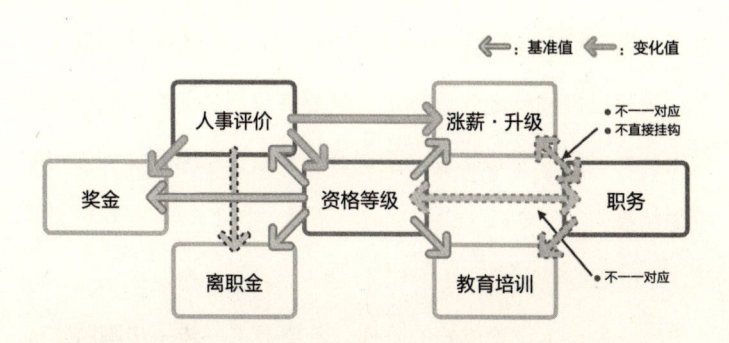

图10 稻盛模式人事制度 资格等级与人事相关其他制度的关联性

京瓷的薪酬制度中，核心的职能工资是基于资格等级制订的。简单粗糙地讲，资格等级越高，职能工资越高。并且，每年基于人事评价结果进行定期提薪与奖金支付，也是基于资格等级。

同时，人事评价的结果，不仅反映在员工的薪酬调整上，也会应用于员工教育中。京瓷的评价制度中，有绝对评价、相对评价、评价调整会议等流程。评价过程中发现的员工的优势与课题，会在对员工进行教育时得以应用，让人才培养做到有的放矢。

简单直白地讲，稻盛模式中的资格等级制度是一种激发员工积极性的制度。通过该制度，明确地告诉员工，公司为你设置了实现物心幸福的路径：爬楼梯。每一层楼梯的基准是什么，公司已经明确地告诉你了。只要肯认同公司的理念，愿意付出努力一层一层地攀登，就能晋升加薪，多拿奖金，获得相应的回报。

## 经营问答 23

**导入京瓷式人事制度后,如何让管理层对员工进行的评价更准确?**

### 问

我跟随藤井老师学习京瓷式人事制度之后,正在自己的公司导入落地。我在课上学习到,在京瓷,上级领导给下级进行考核打分时,要有依据,所以平时需要记录员工的行为。现在的问题是,我们公司管理层没有什么好的方法来记录员工的言行,平时也不会及时反馈员工行为的好坏。京瓷的管理层平时是如何记录员工行为的?有没有什么好的方法可以参考借鉴?

### 答

稻盛模式人事制度课程上,我介绍了很多京瓷在人事考核评价时的具体做法,包括进行人事考核时需要平时留心关注员工做好记录。但这是一种理想状态,在京瓷也没有做到所有考核者(领导)都按理想状态来行动。

给您的建议是：

首先不能因为着急，就在公司里制订硬性规定，比如规定考核者必须做记录，一定要记录多少条。制订这样的规则，其实就是管理上的"我要你做"，会让人感觉是被逼迫的，很痛苦。管理层即使按照规定完成记录，也可能只是敷衍了事，不走心。而真正能激活人心，或者是用现在流行的说法，能实现"赋能"的，应该是让当事人自发地产生"我想做"的意愿。

那么如何激发考核者（领导）的积极自主性呢？

可以参考的一个有效手法是，上下级之间的面谈。比如，从制度上公司可以这样规定：每个领导和部门所属员工每个月必须进行一次面谈。但是谈什么、如何谈、什么时候谈，可以由领导自行决定。这样既保证了领导的自主性，又可以激发他去思考如何和部下交流。为了一个月一次的面谈能言之有物，领导肯定会去关注员工，这就促进了领导平时留意员工的言行，并做好记录。

其次，可以在领导的人事考核条目中，加入培养部下的内容，促进领导认识到自己的使命与职责。出于使命与责任感的行为，才能更具有积极自主性。

问个题外话，不知道您有没有孩子？

我们想一下，父母是如何培养孩子的。从出生到成人，十几二十年，育人是一个漫长的过程，不可能一蹴而就。作为经营者，培养人才时也需要更有耐心，春风化雨。

并且，希望您能回顾一下，自己有没有做到对高管们时刻留心关注，随时做好记录并及时反馈。稻盛先生在讲人才培养时，一直强调的是率先垂范，身影教育。这和家庭教育中，孩子是看着父母的一言一行成长起来的是一个道理。作为经营者，应该告诉领导如何做，并以身作则，在自己践行的过程中带动领导们践行。特别是在员工能够直接看到经营者言行的中小企业，这种身影教育应该是非常有效的。

稻盛模式：经营实战问答

**经营问答 24**

导入京瓷式人事资格等级时，级别和人数如何平衡控制？是不是级别越高，人数就应该越少？

**问**

我公司导入京瓷式人事制度时，打算像京瓷一样，资格等级和职务柔性相呼应。那么请问，在资格等级设计上，是否应该级别越高，人数越少？

因为越往上领导干部人数的需求越少，其实不需要升级那么多人。但如果员工满足升级条件了，按理讲应该给他升级，是吧？京瓷是什么样的情况？如果是后者，那么京瓷是不是就会有很多 S6 以上的人，可能一直都不能担任高级领导（没有那么多领导职务）；如果是前者，那么京瓷是不是会有大部分人在退休离职时可能也就是 S3 或者 S4 这样比较低的资格等级？

**答**

理论上讲，资格等级越高，人数越少。

一般科层制组织，类似金字塔结构，领导干部越往上人数越少。但您也提到了，资格等级提升的前提是要满足升级条件，而且还要从经营的角度综合考虑。每年全公司的升级名额是需要提前规划及测算的，因为升级会带来人工成本的上涨。首先应该考虑本年度创造的附加价值，能不能支撑起人工成本的支付。

再来看稻盛模式的人事制度中，资格等级和职务的关系。在制度上，达到资格等级要求就可以升级，但资格等级和职务不直接挂钩。事实上，在京瓷，员工升级是"打"出来的。从3~5人小组织的阿米巴长，到各级部门的领导，都需要在自己的战场上打出成绩（创造核算与培养部下）来，才能升级。京瓷人事制度体现的是"实力主义"，员工必须持续展现出为公司做贡献的能力。打不出成绩的领导，或是一直没有"成为旋涡中心"的普通一员，资格等级也不会高。的确有些员工在京瓷工作了很久，离职时可能资格等级并不高，但这不是公司有意压制的。

如果人才太多，也就是高资格等级的人多而领导的位置少，怎么办？

在京瓷，更高级别的领导需要思考如何开拓新事业。京瓷集团现在有200多家关联公司，很多关联公司都是在原有事业的延长线上开拓后成立的。人才多,就要为他们多搭建舞台,让员工发挥实力去创造高收益,实现物质和精神的双幸福。

这是经营者及高级干部的责任!

## 第二章　关于阿米巴经营

**经营问答 ㉕**

**在周围公司采用短期物质激励的环境下，如何"独善其身"地制订与运用京瓷式人事、薪酬制度？**

**问**

> 学习京瓷人才培养机制后，我想在公司导入可以实现员工物心幸福的人事制度与薪酬制度，想长期持续提高员工的收入和福利。但现在大环境下，很多公司都用高物质激励来刺激员工的欲望，我怎样才能做到"独善其身"？

**答**

从您的问题中，我感受到了您坚定纯粹的经营理念。您希望持续保障员工的物质与精神的双幸福，所以不希望用短期物质激励的方针来设计薪酬制度。

的确，现在社会上很多企业都在用"高绩效、高提成"的薪酬制度来刺激员工的工作积极性，并且员工在求职或跳槽时也会首先考虑每个月能拿多少钱这样的现实问题。

首先，希望您能对自己坚守的经营理念和经营方针更有自信。您的想法和做法我认为是正确的。但是，自己企业的员工可能会对比其他公司的高物质待遇（月薪），以致对公司心存不满。所以，您需要向所有员工公开您的经营理念，以及公司创造的附加价值的去处。也就是说，让员工明白，公司现在为什么没有给大家特别高的工资奖金，是因为公司要"蓄水"（内部留存）。

"蓄水"是为了让公司持续发展，以备不时之需，在外部环境特别艰难的时刻，也有实力去保障员工的幸福。比如，疫情带来的危机之下，有的企业平时坚持"蓄水"，可以做到即使一年不开工，也能够给员工开出工资，保障大家的物质幸福。

什么是真正的幸福？对于大多数人来说，能过上安定的生活，其实就是一种幸福。相信经过疫情的洗礼，大家会对这一点体会更深。

当然，即使您向员工讲述了自己的经营理念和方针后，肯定也会有员工不理解，甚至有些年轻员工可能会说"不需要公司管我一辈子，现在给我开个高工资我就满足了"这样的话语。或者，有些很有能力的干部会因为别的公司开出了更丰厚的物质待遇而跳槽。

如果发生这样的情况，作为经营者，应该拥有让员工离开的勇气。不要因为他是所谓的"能人"而不舍。企业需要有能力的人，但这个能力应该是经营者和企业来自己定义的。所谓的"能人"如果不能接受经营者的经营理念，那他（她）就不是符合企业所需人才的"能人"。

京瓷的发展经历可以作为案例分享给您。京瓷的规模在3000人左右的时候，曾经有一段人员更迭频繁的时期。大概一年人员流动在1000名左右，也就是说，1000名员工离职，又招了1000名员工进来。员工离职的一个重要原因，就是不接受京瓷的经营理念与经营哲学。

人才培养其实是"大浪淘沙，百炼成金"。

公司的教育制度包括哲学教育，是可以起到教育作用的，但作用是有限的。在意识上，其实是接受了企业经营理念的员工们首先愿意留在公司，企业再通过教育与实战，让大家在思维方式上更加统一方向，形成合力。

希望您能更加相信自己的理念，走好自己的路。持续奋斗，肯定会打造出稻盛先生所讲的"优秀企业"——拥有培养人才的机制与土壤，可以在内部培养出人才，实现企业持续发展，实现经营理念！

## 经营问答 ㉖

**阿米巴经营落地不顺利，是不是配套人事制度的问题？**

**问**

我公司现在推行阿米巴经营时，员工参与度不高，于是基于创造的附加价值给予一定比例的奖励。但是效果还是一般，业绩也是忽高忽低。另外，这种设计也带来了部门之间的矛盾，影响阿米巴经营的开展。这种奖励应不应该取消？

**答**

因为不了解贵司阿米巴经营中，基于附加价值给予员工奖励的具体细节，所以只能从思路上进行一些分享，并提出建议。

首先，阿米巴经营开展的效果不好，比如出现员工参与度不高，业绩忽高忽低等情况，不一定是薪酬制度的问题。贵司导入的阿米巴经营制度本身，是否符合自己公司的实际情况，核算规则是否能得到员工的认同，有必要重新审视一下。并且，制度之外，经营者和干部们的姿态与努力直接影响一般员工的参与热情。

其次,无论是否运用阿米巴经营,在人事评价制度与薪酬制度方面,都需要设计制订公平、公正、高认同感,让员工更能感受到工作与人生意义的制度。阿米巴经营中,分部门独立核算会呈现一个业绩结果。但这个业绩结果是部门的业绩结果,如何与员工个人的人事评价与薪酬挂钩,需要经营者认真思考、精心设计。如果在人事评价制度、薪酬制度设计上缺乏公平公正,很容易出现部门之间的矛盾,甚至是部门内的矛盾。

很多企业开展阿米巴经营时,会参考京瓷的人事制度。京瓷的人事制度与其说是阿米巴经营的配套制度,不如说是以实现"经营理念"为目的,以"部门独立核算制度"为核心,整合"人事评价制度"与"教育培训制度",构筑了三位一体的综合性人才培养体系。京瓷的人事制度不是为阿米巴经营服务的,企业所有的制度都是为了实现经营理念而存在的。所以,京瓷进行人事评价时,以经营理念的实践为根本,不仅衡量结果,同时重视过程。

回到您的问题上,贵司基于阿米巴经营结果的物质奖励制度应不应该取消?

首先应该思考的不是薪酬制度，而应是评价制度。因为评价结果反映在员工的薪酬支付上，所以评价制度是否公平、公正、明确很重要。在薪酬体系设计上，当然也应该从实现经营理念出发，在与其他制度的匹配上进行考虑。

如果一个企业基于大家族主义的经营思想，实行部门独立核算制度，倡导全员齐心协力，通过正确的思维方式与努力去提升核算，但配套的人事制度却是极端能人主义、唯短期结果论的"低基本工资 + 高个人月度绩效"的薪酬制度，那肯定会出现制度之间的撞车，影响阿米巴经营的运用效果。

## 第二章 关于阿米巴经营

### 经营问答 27

**稻盛模式人事制度中如何淘汰竞争力差的员工？**

**问**

学习完您主讲的稻盛模式人事制度课程后，我发现京瓷员工的晋升与薪酬调整，只有上升和不动，没有下降。这样的制度下，如何淘汰竞争力差的员工呢？

**答**

您思考过"这名员工为什么竞争力差"这个问题吗？

京瓷人事制度中有一个方针叫作"适才适所"，把合适的人才配置到合适的岗位。有时员工表现差，不是能力的问题，而是没有找到合适的岗位。并且，员工和他的直属上级是不是处得来，也很关键。给员工换个部门、换个领导，他的表现有可能发生天翻地覆的变化。

即使有些员工的能力实在是不强，企业就必须淘汰他们吗？京瓷的人事制度体系中，没有淘汰员工的制度（严格地讲，是针对一般员工没有降级降薪的规则）。京瓷会因为员工的思维方式（价值观）与公司不同，在长期教育后但员工仍不认同的情况下，去和员工商谈劝退。请他不要为难自己，不如换个自己认同的公司就职。但不会因为员工竞争力差（能力差）就淘汰员工。

很多经营者经常认为自己企业的员工素质低、能力差，无人可用。但稻盛先生认为："只有手头上现有的人，才是自己企业的人才。"把愿意留在公司的"钝人"当作人才来锻炼，除此之外别无他法！

稻盛先生认为，培养人才是经营者与领导者的职责。大家回想一下，京瓷哲学中有"能力要用将来进行时"这一条吧。员工现在没有能力，不代表以后没有能力。我们应该相信人的潜能是无限的，企业应该构筑起人才培养机制。

在京瓷，通过人事制度中的资格等级制度，为员工设计了明确的能力提升的路径，让员工知道在不同阶段需要具备哪些能力；通过阿米巴经营，为员工提供了实战场所来展示自己的实力；通过人事评价制度，找出员工成长中的问题；通过教育培训制度，针对员工身上的问题进行教育，教育成果又体现在阿米巴经营的实战里。在不断的循环中，促使员工提升自己的能力。

我认为，与其思考如何设计淘汰竞争力差的员工的制度，不如好好思考如何提升员工的竞争力。您觉得呢？

## 经营问答 28

### 如何借鉴京瓷的方式进行人事考评？

**问**

参加完藤井老师的人事制度课程后，我在公司里借鉴京瓷的考核表进行人事评价。我有几家店铺，店长作为直接上级，给店员做一次评价。方法是：店长和店员一起拿着考核表，针对哲学考核项目，让员工先自评，店长再对自评结果进行评价，以店长打分为准。我对店长进行一次评价，方法如上。

我的问题是：我的方法对吗？我们公司这种情况下，针对店长的人事评价结果怎么召开调整会议呢？需要把店长召集到一起，由店长们互相打分进行正态分布调整吗？

**答**

您的问题中提到借鉴京瓷的考核表，不知道贵司人事制度整体是否借鉴稻盛模式人事制度的构筑方法：基于经营理念，明确人才画像，制订人事制度中核心的资格等级制度，基于资格等级制度设计考核表，进行人事评价，评价结果反映在薪酬和晋升上。

如果您认同并想要借鉴京瓷人事制度的话，希望您从整体逻辑上也要进行借鉴，而不是"只见树木，不见森林"。企业不打造好自己的生态系统的话，移植回来的树可能也活不久、长不好。

回到您的问题上，建议您取消员工自评，也不要让店长之间相互打分互评。虽然有360度环评这样的人事评价方法，但这种评价方法弊端很多。

**为什么建议取消自评？**

员工自评时，一是会出于私欲（升职加薪）而打出过高分数；二是人一般都有着自我评价过高的倾向。员工自评的分数和店长评价分数不一致时，即使经过店长的讲解最后达成一致，员工其实也很难从心底真正接受，所以京瓷在员工最终评价结果出来后，不直接反馈评价档次，而是从成长提升、如何为公司做更多贡献的角度进行指导建议。否则，员工心里有落差，很抵触，领导说再多的建议他也听不到心里去。

**为什么建议取消同级互评？**

店长之间同级评价时，为了不破坏所谓的"良好的人际关系"，很容易出现"你好、我好、大家好"的评价结果。并且，在京瓷人事评价不仅需要一个结果应用在涨薪、晋升、奖金发放上，也需要在评价的过程中发现员工成长的问题，用于人才教育培养。同级的店长，互相之间应该没有培养的责任吧。

### 哲学（思维方式）如何评价？

京瓷重视哲学、思维方式，但重视的不是语言，而是行动。思维方式和哲学装在脑中与心中，看不见摸不着，但一定会体现在行为上。京瓷考核的是员工哲学的实践，是行为。

上级领导如何考核部下的哲学行为？平日里要关心部下，关注他的日常行为，做好考核材料（事实论据）的日常记录。

### 怎样召开评价调整会议？

如果企业规模较小或是组织层级较少，也可以不召开评价调整会议。借鉴成功模式及经验时，应该"得意忘形"。我们想一下，召开评价调整会议的目的是什么？一是确保评价结果公正、公平、认同感高；二是评价者自身的学习场所，学习看待人物的视角；三是保证预先规划好的工资包、奖金包不发超而进行正态分布调整。

我的建议如下，仅供参考：

1.制订并公开评价基准与流程，让员工知道自己的评价结果是如何而来的，提升认同感。

2. 领导关注部下，日常记录好人事考核的材料，以事实为根据进行考核，提高公平、公正、认同度。

3. 经营者平时要多找机会向店长宣讲自己的人才观、评价视点，让店长可以学习如何做好人事评价。

4. 从经营的角度，做好正态分布调整。即使不召开调整会议，经营者自己决定时，也要树立公司层面上的明确基准。（只有一位员工可以得 A 的时候，为什么是这位员工得 A，理由要一以贯之。）

作为经营者，必须率先垂范，想让员工做到的事，自己先做给员工看。

> **经营问答㉙**

### 如何借鉴京瓷人事制度，打造自己企业的 1.0 版本？

**问**

学习稻盛模式人事制度后，想要打造自己企业的 1.0 版本，需要达到哪些标准？落地人事制度时，有哪些注意事项？

**答**

学习稻盛模式人事制度后，打造自己企业的 1.0 版本时，需要达到哪些标准我无法回答。但关于最应该借鉴什么，以及人事制度构筑的步骤，可以分享一下我的观点。

**最应借鉴什么？**

我认为，学习稻盛模式人事制度时，最应该借鉴的是"以心为本"的经营思想。

稻盛先生在京瓷成立 30 周年，进行人事制度改革时，是这样谈新人事制度的：

"京瓷刚成立时，规模很小，仅能依靠 28 名伙伴的'心'，经过30年的不断努力,得到了非凡的发展。这完全要归功于伙伴之间互相信赖的心,以及员工每个人工作中的热情和努力。

"换句话说,这归功于京瓷以'心'为本的企业文化,给员工创造了有工作热情就可以大展身手,努力工作就一定会有成果的工作环境。(中略)这一时期需要把这种无形财富以有形的方式添加到人事体系中,使其扎根于企业。(中略)我希望通过人事制度的构建,使可以提升员工活力的、一直以来无形的企业文化慢慢有形化。(中略)我确信,只要我们基于人'心'和以往构筑起的信赖关系去运用新的人事制度,一定可以创造出更加丰硕的成果!"

**所有制度都是为了实现经营理念的设计逻辑**

京瓷所有制度都是为了实现经营理念,人事制度也不例外。我们打造自己企业的稻盛模式人事制度时,也应遵循这样的设计逻辑:基于经营理念,明确人才画像,制订人事制度中核心的资格等级制度,基于资格等级制度设计考核表,进行人事评价,把评价结果反映在薪酬和晋升上。

**如何借鉴?**

您的问题中也提到,现在要打造的是1.0版本。所以不用追求完美，也不要在所有细节上向京瓷看齐。人事制度讲究量体裁衣，应该从自己企业的现状出发，打造自己能用得好的制度。

比如，京瓷的资格等级分为七个大级，贵司是不是可以先分为"基层、中层、高层"这三个级别？甚至有些小微企业，层级和人数都不多的话，只分为"一般员工、领导"也无不可。

再比如，京瓷评价项目中有"哲学实践"，也就是"价值观评价"一项。如果贵司的哲学学习及共有还在起步阶段，也没有自己公司的《哲学手册》的话，是不是可以由经营者总结几条核心价值观，哲学实践评价时就聚焦这几条核心价值观，所有层级都考核相同的内容？

比起"分不清楚，讲不明白，考评者不知道怎么考评，被考评者不认同结果"的精致制度，不如先构筑一个"从核心主轴出发，自己企业现在就能用好"的简便制度。

### 新人事制度构筑的基本步骤

构筑新人事制度时，以下步骤供您参考：

Step1：梳理现状课题

现在企业里面有哪些经营课题需要进行梳理？虽然不是所有的经营课题都可以通过人事制度来解决，但需要明确与人事制度关联性较高的课题，让人事制度改革更加有的放矢。一个提醒：梳理课题时，诸如"企业没有人才"这样空泛的课题是没用的，需要思考分析出更加具体的课题。

Step2：明确人才画像

基于经营理念、事业战略等内容明确自己企业需要什么样的人才，想培养什么样的人才，要清晰地描绘出自己企业的人才画像，因为资格等级制度、人事评价制度的构筑都要围绕人才画像。

Step3：制度设计

人事制度中涵盖板块很多，核心是资格等级制度、评价制度、薪酬制度。这三个骨干制度一定要构筑起来。

资格等级制度就是把员工按照一定的基准进行分级；评价制度就是按照等级基准和员工的现状（一定时期内的实际表现）进行评价；薪酬制度需要按照资格等级设计薪酬标准，按照评价结果进行薪酬调整。

Step4：模拟试算

员工个人薪酬：在新的人事制度中，员工的工资产生了什么样的变化？工资下降的话，员工可能对新制度有抵触情绪。

公司人工费总额：结合外部变动因素，按照公司发展战略计算今后三年的人工费总额。看看企业在现在和未来，有没有支付能力。

Step5：向员工宣讲说明

人对于变化有着天然的不安心理。在新人事制度导入前，需要分层级向所有员工进行宣讲，详细地说明为什么要进行人事制度改革（结合Step1中梳理出的经营课题、Step2中明确的人才画像），以及新旧制度的对比变化、新制度中的评价基准流程等。通过宣讲说明，尽量打消员工的抵触情绪，获得大家的理解和支持。

# 第六节
## 岗位职责说明书

经营问答 ㉚

京瓷没有岗位说明书,这是不是受公司行业性质的影响?员工学历低的餐饮行业怎么办?

**问**

京瓷不制订岗位说明书,这是不是受公司行业性质的影响?比如我们是餐饮企业,基层员工大部分是中年人,甚至有部分员工由于过往教育经历较少,可能理解能力会比较弱。针对这样的特点,是不是可以有岗位说明书,但是不要过分强调个人所负责的工作内容?就是让新员工明白自己在岗位上需要做什么,但是并不限定员工只能做这些。

**答**

企业是否需要岗位说明书,要根据企业自身特点及现状来判断。企业的各种制度特别是人事制度,没有绝对的正解,只有"量体裁衣"。

下面的内容是我的观点,和您分享。

**岗位说明书≠标准作业流程**

各行各业都有行业或企业的标准作业流程,这种标准是必要的。但这种作业指导书不代表岗位说明书。比如,餐饮行业,一般厨房出菜前要确认下单情况,这是一个作业标准,但不是岗位说明书。再举个例子,员工上岗时,一般会先进行基本的作业培训,教育员工如何尽快上手,把工作做好。这也是作业标准,并非岗位说明书。岗位说明书应该是对该岗位任务与责任的定义。

**企业自己要分析利弊**

岗位说明书能囊括重点,但无法达到100%全面。并且,经营上很多时候不是"非0即1"的算术题。基层员工如何柔性应对变化,如何努力通过思考与行动去切实创造部门业绩,是企业打造高收益体质的关键。岗位说明书其实只能描绘出底线（及格点），甚至在瞬息万变的经营环境下，有可能即使员工完美地执行了岗位说明书，但企业经营成绩还是不及格（出现亏损）。

**相信员工，激活人心与潜能**

您讲到贵司的基层员工存在学历低及理解力弱等问题，建议您相信员工有无限潜能！中国广大劳动人民的特性就是勤劳勇敢，即使没有高学历也可以把自己的家庭照顾好、经营好，因为他们有智慧。

建议您更多地从激发人心与潜能的角度，来设计人事制度。特别是餐饮行业，基层员工直接服务客户，他们的姿态与行动直接决定着顾客满意度。只有激活人心，基层第一线全心全意地服务顾客，服务型企业才能产生销售额。也正是基层第一线每一点节约意识的提升，才能带来费用最小化的改善。随之而来的是企业利润的提升，是优秀经营成果的呈现。

## 经营问答 ㉛

能否分享一下京瓷各关键岗位的考核核心内容及岗位说明书?

**问**

老师,能否分享一下京瓷各关键岗位的考核核心内容及岗位说明书?

**答**

京瓷全公司采取一元化的评价体系,考核基准不因部门或岗位不同而不同。

即,对相同资格等级(stage)的员工用相同的考核表进行考核评价。并且,京瓷没有岗位说明书,没有用具体的文字表述该部门或该岗位的员工应该做什么。

因为京瓷的阿米巴经营中,各部门员工的目标明确:在自己部门的职责范围内,提升部门核算,促进公司整体发展,实现经营理念。并且,京瓷阿米巴经营提倡的是自主思考与行动,不断挑战革新。在日常工作中,为了实现"收入最大化、费用最小化、时间最短化"而不断钻研创新。在制订充满挑战的目标计划，并用"坚强意志"去100%达成的过程中，员工带着经营者的意识去积极主动地发现课题、分析原因、解决课题，并进行改善。

一般企业制订的岗位说明书，明确规定某岗位应该做什么，好处是直接让员工了解自己应该做什么，但弊端是相当于给员工盖了一块天花板。因为这样的话，一般员工做的工作内容就不会超出岗位说明书。并且，能力只要能满足现在的工作，一般员工也没有主动提升能力的热情。而在京瓷的阿米巴经营下，一般员工也会用能力将来进行时的思维方式，主动反省改善，通过自己的努力"今天比昨天好一点，明天比今天好一点"地持续提升核算数字，在工作中主动积极提升自己的能力。

这两种工作状态下，员工为企业做出的贡献、员工自身的成长、企业可以实现的发展，是不可同日而语的。

## 第七节

# 经营会议

### 经营问答 ㉜

**京瓷的经营会议一般开多长时间?**

**问**

京瓷的经营会议一般开多长时间?部门负责人汇报时一个人大约多长时间?

**答**

在京瓷,一次经营会议要开多久,部门领导汇报时一个人大约多长时间,其实不一定。

您问这个问题,应该是想参考京瓷,来召开自己企业阿米巴经营中的经营会议吧。虽然很多导入阿米巴经营的企业也在开经营会议,但可能大家只是把经营会议当作了业绩报告与分析的会议。其实京瓷的经营会议目的之一是培养人才,并且非常重视培养领导的思维方式。很多企业在召开经营会议时,并没有意识到对领导思维方式培养的这一点,所以一些企业的经营会议上只谈数字,甚至只关注数字结果,并不关注领导在创造核算数字的过程中秉持着什么样的思维方式。

以前,稻盛先生亲自出席的经营会议上,如果从一位领导的汇报内容中,稻盛先生感觉到他的思维方式有问题,会在这一个人身上严格追究,帮助他认识到自己思维方式上的问题。有时,被追究的领导可能心里并不服气,只是嘴上说着:"好,我知道了。"稻盛先生做事极度认真,凡事追求极致,要做就做彻底。对于这样的并不服气的领导,稻盛先生不把他教育得真心说出"好,我知道了"是不会罢休的。所以京瓷曾经出现过,开了一天的经营会议,但主要都在一位部门领导身上打转的情况。

上面介绍的是稻盛先生在京瓷召开经营会议时的姿态。您需不需要借鉴,或者是如何借鉴,要看您召开经营会议时,有没有"人才培养"这一目的。并且,还要看您想把高层领导培养成什么样的人才。

大家应该都听过下面这个小故事吧。稻盛先生发明阿米巴经营这样的经营手法，是因为经营中非常繁忙，分身乏术，希望像孙悟空拔下毫毛，一吹就能变出许多小孙悟空一样，也能造出自己的分身。请注意"分身"二字！稻盛先生希望培养出的经营人才，不是手或脚这样的部分器官，而是和自己有着同样思维方式的分身！所以稻盛先生召开经营会议时，毫不吝啬花费时间和心血。

**经营者必须有经营者的姿态！**

同时，为了提升会议效率，公司对领导也应该有要求。京瓷一直重视培养领导者简洁明确的表达能力，希望每位领导的汇报尽量控制在 15 分钟以内。但经营会议上，一个领导的汇报能不能在 15 分钟内结束，还是要看经营者是否一直追问不休。

第二章　关于阿米巴经营

### 经营问答㉝

经营会议上月度目标没有达成的部门应该如何引导？目标超额完成的部门应该如何提醒？

**问**

我们是多店铺经营的零售行业。阿米巴经营的经营会议上，对于业绩目标没有达成的店铺该如何引导？客观理由的确存在，但其他店铺也有能达成业绩的。经营会议上，对每个店铺都点评，还是整体点评更好？挑战高目标，任务完成超过5%时，如何进行提醒？

**答**

**目标没有达成的主观原因**

您的第一个问题表达的是，对于因为主观原因没有达成目标的店铺应该如何引导，是吧？

我们想一下，目标没达成，是谁的责任？

首先应该是组织负责人，也就是店长的责任。主观原因就是思维方式的问题。一般在这样的情况下，店长存在的问题可能是以下两点：

1. 对于店铺的核算数字没有自觉，没有责任感；
2. 没有付出不亚于任何人的努力。

这两点如何改善？靠经营者的严格追究，以及哲学教育。如果长时间教育也不见效的话，经营者要考虑，放到店长位置上的这个人，是不是可燃型的？需不需要更换店长？

### 让领导感受到被期待

店铺的发展，是店长的成长带来的。人是受到期待才成长的。经营会议上，应该对每个店铺，也就是每个店长的工作进行单独点评。特别是发现店长的思维方式和公司倡导的不一致时，需要明确并具体地指出。当然能不能一一点评，也要看贵司店铺的数量多少。

### 超额完成目标时不能一刀切

目标完成度超额完成 5% 以上的时候，首先应该好好了解，超额的部分是怎么来的。如果发现超额完成目标，是因为一开始制订的目标过低时，可以提醒领导应该挑战高目标；如果超额的部分，是店长带着店员们付出不亚于任何人的努力创造出来的话,也要认同大家付出的努力。但这时要让领导懂得,已经达成的实绩代表这家店现在的实力,下次需要以这个数据为基础,挑战更高的目标。

## 经营问答 34

**如何激发员工参与阿米巴经营的热情？**

**问**

> 最近发现我们公司的阿米巴经营运用中，核算数字调动不了大家的关注热情。目前找到的原因是：只公示了数字，而没有对数字进行分析排序。如何能够激发员工的热情，让员工更加关心数字呢？

**答**

不了解贵司具体情况，只能进行一些思路上的分享，供您参考借鉴。

### 责任激发热情

经常能听到有人这样讲：阿米巴经营中的分权赋能可以激发员工的热情，但我想分享给大家的是：真正能激发出热情的是责任。阿米巴经营分部门独立核算中，数字责任必须明确，需要让员工认识到数字是自己应该承担的责任、履行后所呈现的结果。

那么，如何能让员工更有责任意识呢？

贵司现在的阿米巴经营月度核算运用中，是只统计每月实绩数字，还是已经制订月度预定（目标）？制订月度目标时，各阿米巴是具有自主性，还是将公司目标由上至下分解下来，强制性地摊派给各阿米巴？

带着自主性去设定目标、完成目标的过程中，让阿米巴长认识到目标是自己的，自己需要负责，才能激发出阿米巴长关注核算数字，提升核算数字的热情。京瓷在制订月度预定时，各阿米巴自己设定目标，但要经过上级领导的同意，上下级之间有时需要反复沟通交流才能确定月度预定数字。京瓷的上级领导即使不认同下级制订的目标数字，也绝不会直接说："你这个目标不行，下个月必须做到××！"因为一旦上级强硬地提出目标，阿米巴长心里就会认为这是上级硬压给自己的，完成不了不是自己的责任。只有从自己的嘴里（心里）主动说出的目标，人才会把它当成自己的目标，愿意想方设法去达成。

**核算数字的预定实绩对比分析**

您分析原因时提到的核算数字分析的确非常重要，最好是进行预定与实际的差异对比分析。很多企业在召开经营会议的时候，会拿出很多时间进行数字对比分析，但有时过于关注数字结果，忽视了数字创造的过程。我们用数字进行经营，但数字只是工具。进行数字对比分析的时候，落脚点在"人"，人是如何创造出数字的，这是分析的重点。

数字的负责人是谁？月度目标数字没有达成时，负责人是否进行了反省？反省是认识到自己的责任没有履行，并思考如何改善。预定与实绩差异分析中找出的课题，负责人打算采取什么样的对策去解决？改善成果反映在下个月核算数字上，可以带来多少数字上的提升？

### 经营者对员工的用心培养

上述内容在经营会议中，应该由经营者进行追究和指导。阿米巴经营的目的之一是培养具有经营者意识的人才，但不是说导入了阿米巴经营这样的机制，人才就自己成长起来了。人才培养一定离不开经营者用心血去灌溉。

如果希望员工在阿米巴经营中更有热情，更关注核算数字，那么经营者首先应该更加关注、关心员工。经营会议中的追究和指导，应该根据每个部门负责人的特性和实际情况因材施教。比如，月度预定没有达成，需要负责人反省，但经营者知道这位员工其实付出了巨大的努力，本人也非常自责。这时反省就可以一笔带过，甚至需要对其付出的努力进行表扬，追究时的重点是改善措施。同样是月度预定没有完成，但换了另一位负责人，追究指导的重点可能就会不同。经营者如果发现负责人并没有发自内心地反省，不认为这是自己的责任，一直找借口转嫁责任的话，这时追究的重点就是"思维方式"。

阿米巴经营中员工的热情离不开经营者的用心和环境的打造。上面的分享只是抛砖引玉，希望您进行更多的思考与行动。

# 构建信赖关系

第三章

## 经营问答 35

### 如何看待懒惰的员工?

**问**

老师,您是如何看待懒惰的员工的?

**答**

不知道您讲的"懒惰"具体是指什么,我笼统地理解为"不勤劳、不愿意工作、不出成果",以此来回答您的问题。

您听说过"2∶6∶2"法则吗?

这是自然界中的一种规律,在企业这种组织中也同样适用。"2∶6∶2"的意思是,如果把员工分为"勤劳""普通""懒惰"三种类型的话,那么所有员工中:

勤劳的员工 =20%

普通的员工 =60%

懒惰的员工 =20%

作为经营者,应该不想要懒惰的员工吧。那么咱们末位淘汰,把末尾的 20% 都炒鱿鱼,剩下的 80% 的员工里是不是就没有懒惰员工了呢?很遗憾,这 80% 的员工中又会呈现出"2∶6∶2"。

没有企业能摆脱"2∶6∶2"法则,这是管理学上的一个定论。

开头先讲"2∶6∶2"法则,是想说明企业里有优秀的员工,就会有差的员工,差生也是企业必要的部分。所以,经营者不能总想着如何把 20% 的差生给淘汰掉。更应该思考的是,如何提升自己企业的次元。企业处于高次元的话,可能末尾的 20% 员工也要比低次元企业头部的 20% 员工优秀。

**如何提升企业的次元?**

京瓷哲学中有这样一句话:"改变我们所居住的世界。"稻盛先生是这样解说的:

要带着强烈的愿望,以一气呵成的气势,朝着高收益的目标努力奋斗,这样就可以改变自己"居住的世界"。而且,一旦"居住的世界"发生改变,此后只要付出通常的努力,就能在那个新世界里长期居住下去。就像把人造卫星发射到宇宙空间时，为了克服地球引力，需要巨大的能量。但是卫星一旦到达宇宙空间进入运行轨道后，只需要很少的能量，就能够以飞快的速度持续运转。

企业要想拥有优秀的员工，也是同样的道理。

经营者必须带着"一定要打造出培养人才的机制与环境"的强烈愿望，付出不亚于任何人的努力去"改变我们所居住的世界"，提升次元。

以上就是我关于"懒惰"的员工的一些分享，感谢！

## 经营问答 36

**京瓷有惩罚或罚款制度吗?**

**问**

京瓷有惩罚或罚款制度吗?京瓷没有罚款制度,那员工迟到早退,或是不遵守公司规章制度时怎么处理?京瓷没有惩罚制度是因为京瓷人心性高,我们公司员工身上净是这样那样的小毛病,没有惩罚制度很难管理。

**答**

首先需要跟大家解释的是:京瓷并非完全没有惩罚制度,也并非完全没有罚款。

如果员工违法犯罪,有严重违背社会伦理道德的行为,或是严重损害公司声誉时,是会进行处罚的;假如员工损坏公物,也需要个人赔偿。京瓷没有惩罚或罚款制度,是指没有因为业绩不好就马上降职降薪,或是"员工迟到一次扣 50 元钱"这样的罚款制度。

### 为什么京瓷没有惩罚制度？

京瓷之所以没有惩罚制度，是因为京瓷企业文化中的挑战精神。京瓷的高收益体质是每个京瓷人勇于挑战高目标，付出不亚于任何人的努力去达成高目标而创造出来的。要想培养出勇于挑战的人才，必须在公司内打造出能够激发员工自发性的环境。如果苛责失败，那么出于人性中趋利避害的本能，员工就不会积极挑战高目标，而是选择"无功也无过"的干法。

### 为什么京瓷没有罚款制度？

制度是为目的服务的。"员工迟到一次罚款50元"这种制度的目的是什么？是为了让员工上班不迟到，对吧。这样的罚款制度真的能达到目的吗？现在很多员工，特别是年轻员工对所谓的"小钱"不那么在意。比起扣50元钱，他们可能会觉得在家多睡一个小时更值。甚至因为有了罚款制度，反而会觉得心安理得，领导一批评，他会说："反正我都交罚款了。"

### 京瓷人的心性都那么高吗？

大家不要神话京瓷和京瓷的员工。京瓷是一家优秀的企业，但员工大多数是普通人。京瓷的优秀在于打造了一个内部培养人才的机制，以及让员工能够体现出优秀行为的环境。

### 如何解决员工的"小毛病"？

首先，企业应重视教育，教育员工是企业的责任。需要明确地告诉员工，企业对员工提出要求（哲学践行、能力、业绩等），并在相应方面提供理论教育与实战舞台。

其次，需要制订与企业对员工的要求相一致的人事制度，对员工进行公平公正的评价，将评价结果反映在薪酬与晋升上。

回到"迟到"这样的小毛病上。在京瓷一位员工经常迟到的话，不会马上罚款。但他的迟到行为，会在人事考核中反映出来。受此影响，人事评价档次会变低，提薪、奖金、晋升都会受影响。这种影响不是"一次50元"那样不痛不痒的影响。

更重要的是，企业整体应该营造出一种向上的环境和氛围。稻盛先生在京瓷哲学中曾引用过詹姆斯·埃伦的名言，"如果自己的庭院里没有播种美丽的花草，那么无数杂草的种子必将飞落，茂盛的杂草将占满你的庭院"，教导我们如果想让人生充满幸福、满足与成功，就要在其中播撒美好的种子，例如真挚、诚实、正确、纯粹的思想，并将其培育下去。用在企业培养人才上也一样，比起一直去除杂草，不如让整个花园都开满鲜花，让花园里没有杂草的容身之处。

### 经营问答 ㉛

**企业应该如何开展节后复工收心工作？**

> **问**
>
> 老师，日本也过年吧。日本有没有过完年上班后，员工还沉浸在过年的气氛中，无法集中精力工作，效率低下的情况呢？京瓷是怎么帮员工收心的？

**答**

日本也过年（阳历年），但京瓷不存在您说的那种年后不收心的问题。

日本有种"五月病"，不知道您听没听说过？五月初日本有黄金周小长假，假期结束后有些员工的确会工作时提不起精神，还沉浸在假期休闲状态里。但日本患"五月病"的人，基本上都是些刚从学校毕业、踏上工作岗位没多久的年轻人。他们在工作上还没有承担太多责任，一般来说也没有明确的人生目标。

对于中国企业如何开展节后复工收心工作的问题，我没有什么具体的建议。但是，关于为什么员工精神涣散，不能专心工作，我有些问题想问问您。

1. 基层员工有具体目标，有经营意识吗？

一般企业都会有年度计划，比如，今年销售额要冲刺×××万元这样的年度目标数字。但每个月的目标数字明确吗？各部门有自己的目标数字吗？基层员工知道自己部门的月度目标数字吗？有了具体的追求目标，知道自己应该往哪里走，才可能产生动力。

基层员工具有"自己当月的工资，来自企业当月创造的附加价值，所以必须努力创造附加价值"这种经营意识吗？春节所在的月份，本来就有一周左右的假期，从而工作日变少。不付出比平时更多的努力并提升效率的话，如何能够创造出像平常月份一样的附加价值呢？这个月亏损的话，企业拿什么给员工发工资？还是员工能同意"春节放假的月份我就少拿点工资"？

2. 作为经营者，您是不是也觉得"刚过完年嘛，大家不专心其实情有可原"？

如果您也有这样的想法，我建议首先从您开始转变思维方式。我们学习稻盛经营学，学到的是：经营应该立足于每一天，必须极度认真地过好每一天。您如果认同这样的思维方式，应该在企业里向员工去宣讲，渗透。也可以把"认真过好每一天"这样的行动姿态，放入人事考评内容中，对表现好的员工给予好的评价，让员工认识到企业对此的重视。

上面问您的两个问题，都是关于"意识"和"思维方式"方面的，对于解决眼前的问题可能没有什么直接帮助，但希望您能认真考虑我的建议，从现在开始在这些方面下功夫，打造企业的良好风气。

现在着手发力，也许明年这个时候，您就不用问同样的问题了。

## 第三章 构建信赖关系

**经营问答 38**

有保底、采用计件工资的员工，因为产品订单不稳定，挣钱少，所以集体罢工。这种情况应该如何处理？

**问**

老师，我们公司现有两个产品，员工都是计件工资。一个产品销售多，生产稳定，员工收入平稳；另一个产品订单不稳定，最近两个月生产量少，员工挣钱也就少，于是员工们不满意，集体罢工。

其实他们自己工序没活干的时候，公司会尽量安排员工到其他工序干活。实在没活儿就给他们培训，即使不干活儿，一天也给他们发高于地区最低薪酬标准的钱。但这些员工还是不满意，对比生产另一个产品的员工，说他们挣得多，自己挣得少。这种情况京瓷有过吗？主管是怎么处理的啊？

**答**

**换位思考，理解员工**

我想请您换位思考设身处地地想一下，如果您是由于产品订单不稳定而收入少的员工，您是什么样的心情？您会不会和同样都是制造一线的其他工友对比工资？一般人都会做比较的，这是人之常情，我们要理解员工。

回到您的问题，京瓷有这样的情况吗？没有。因为京瓷不采用计件工资，不会出现这种不满。不是说贵司一定要取消计件工资，但如何在人事制度及薪酬制度上，让员工感受到公平、公正以及认同，是一个重要课题。

**分析与解决课题**

即使想改变现在的计件工资方式，人事制度改革牵一发而动全身，也不是一朝一夕就能完成的。我们还是先来思考如何解决眼前的困境：员工的不满与罢工。

您问"主管怎么处理"，我认为这不是主管能够处理的问题。我想先问几个问题：产品订单为什么不稳定？是新产品处于市场开拓期？那么为什么在没有稳定订单时，就投入了这么多人员？有没有考虑过多能工的培养？订单不够的话，有没有切实的对策，去拿到更多的订单，保证制造部门的伙伴有活儿干？

现在最大的课题是订单不足、人员过剩。那么解决方法是要么扩大接单额，要么处理剩余人员。把剩余人员安置到其他生产线时，应该是在其他生产线真的人手不足的情况下。否则，就会出现人多、生产效率下降的问题，而降下来的生产效率再想提升就很难了。

如何扩大接单额？京瓷阿米巴经营中进行余额管理，订单余额是一个重要的先行指标。部门独立核算时，销售部门的接单额是重要的核算指标。努力扩大接单额是销售部门的职责。同时，经营者要思考：现在为什么接不到订单，是销售人员不努力？还是产品竞争力差？还是该产品已经到了生命周期的衰退期，市场萎缩？经营者必须深入分析原因，寻找对策。该进攻就全力以赴进攻；该撤退就早做决断，不要犹豫不决。

**做好沟通，让员工理解公司**

公司需要理解员工的心情，同时也需要做好沟通，让员工理解公司。

不在生产线上工作，员工每天也能拿到高于地区最低工资标准的工资，对于民营企业来讲，做到这一点非常不易。员工的人工费来源于员工创造的附加价值，不开工没有创造附加价值时，支付的工资都是来自企业的"蓄水池"。这个道理应该细致地讲给员工听。京瓷在经济危机不景气时，产值从100下滑到30，没有主动解雇员工是因为有足够的"蓄水池"。贵司能够建立起自己的"蓄水池",并放水保障员工幸福,是非常了不起的。

但贵司的"蓄水池"中有多少水?只放水不蓄水能支持多久?订单不足的课题短期内能解决吗?如果短期内不能解决的话,我认为要把这些真实情况都告诉员工。

公司愿意尽最大的努力守护员工。员工如果愿意和公司同甘共苦的话,请大家不要抱怨,一起努力;如果不接受的话,与其罢工,不如另谋高就,去寻找自己满意的公司工作。

[经营问答篇(第一章至第三章)由藤井敏辉著,明丽翻译。]

# 一问一答

## 特别篇

## 京瓷是咋分钱的?

**问**

一年的经营快要结束,新冠肺炎疫情下,这一年我们企业过得特别不容易,但大家艰苦奋斗,经营的结果还不错。马上就到发年终奖的时候了,咋分钱好呢?该给员工分多少,该给股东分多少,作为经营者,辛辛苦苦的我自己应该分多少,对此我一直特别头疼,不知道该咋分钱。要是稻盛先生能明确地教我们咋分钱,我就照他说的做,不用头疼了。京瓷究竟是咋分钱的呢?

**答**

对于所有的企业来说,"怎么赚钱"和"怎么分钱",都是非常重要的事。甚至可以这样讲，"赚钱"和"分钱"在重要性上，不分伯仲。在介绍京瓷是怎么分钱之前，我想先分享一下京瓷是怎么赚钱的。

**京瓷是咋赚钱的？**

大家应该都知道，京瓷采用稻盛和夫先生独创的阿米巴经营这一经营手法，各部门使用核算表进行独立核算。核算表其实就是每个部门进行经营的工具。这个工具应用在月度计划、年度计划等的制订和达成上。各部门的成员，为了达成目标数字，在每天的工作中去追求稻盛先生所讲的经营真谛"收入最大化、费用最小化、时间最短化"，以此实现"单位时间附加价值最大化"。京瓷的钱，就是全体员工在阿米巴经营中，额头流汗地去追求"附加价值最大化"而赚回来的。

我们看一下京瓷核算表中"结算收益"这一科目（图表见经营问答8），因为京瓷没有把人工费计入核算表费用科目，所以"结算收益"就是"附加价值"。附加价值的内容，主要包括三方面：人工费、税金、利润。稻盛先生的经营思想中，有一个非常重要的"附加价值三分法"。其含义是，企业经营上必须努力追求附加价值，创造出的附加价值应该有三个去向。第一个去向是以人工费的形式回馈给员工，保证员工的物质幸福；第二个去向是以税金的形式贡献社会；第三个去向是用于股东分红、设备再投资以及以备不时之需的"水库蓄水"。无论是使员工幸福，还是贡献社会，只有企业持续存在与发展才能实现，所以在分钱时，一定要考虑到企业的内部留存。

### 京瓷是咋分钱的？

回到"咋分钱"这个主题上，阿米巴经营中全体员工一起努力创造出的附加价值，回馈到员工身上的，做一个薪酬包；以股东分红的形式回馈给股东（包括经营者自己）的，做一个薪酬包。有些朋友可能会这样想：你讲的我都懂，我就是想知道这个比例如何定。具体的比例，其实是经营者经营思想的体现。

**稻盛和夫的附加价值三分法**

1. 以人工费用的形式回馈到员工身上，保障全体员工的物质幸福。
2. 以税金的形式贡献社会。
3. 股东分红、设备再投资等内部留存。为了能够持续保障员工幸福与贡献社会，企业必须持续存在与发展，所以必须构筑好企业自身的"水库"。

↓ ↓

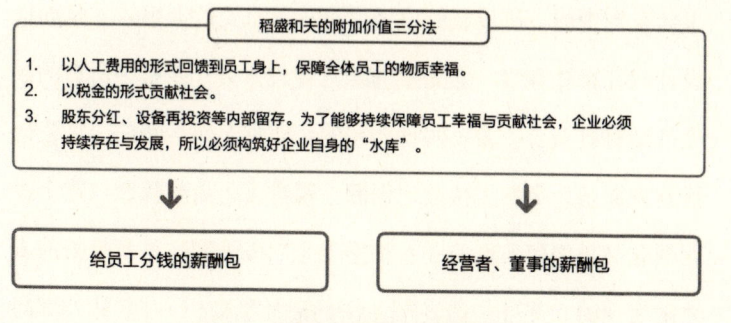

| 给员工分钱的薪酬包 | 经营者、董事的薪酬包 |

图 11　稻盛和夫的附加价值三分法

看看稻盛先生经营京瓷这个案例，稻盛先生认为企业创造出的业绩是所有员工一起努力的结果。但京瓷并不吃"大锅饭"，而是在重视"大家族主义"的同时，也重视"实力主义"，根据员工承担的职责以及做出的贡献来进行薪酬发放。从职责履行的角度看，经营者一定是责任最大的，实际上经营者也是最辛苦的，所以多分钱也无可厚非。但稻盛先生多拿钱了吗？他作为京瓷的创始人及经营者每年拿到高报酬了吗？他出手拯救日航的时候，拿一分钱报酬了吗？并没有。因为稻盛先生已经开悟到人生的目的与意义了，所以在给员工分多少钱、经营者自己分多少钱方面，就没有那么多踌躇了。

接下来，我们看一下京瓷是如何给一般员工分钱的。

如何分钱，属于企业的薪酬制度，薪酬制度又是包括在人事体系当中的，所以我们应该学习一下京瓷的人事体系是如何设计的。京瓷有着一套完整的经营管理体系，体系中所有的制度都是有机结合，为了实现公司的经营理念而运转的。京瓷的经营理念是什么？是持续地保障幸福员工与贡献社会。这个经营理念又是如何实现的呢？稻盛先生明确强调，是靠优秀的人才来实现的。并且，稻盛先生口中的优秀人才，并非从外部高薪挖过来的人才，而是企业内部拥有培养人才的机制，自己培养人才并留住人才。

为了实现经营理念，企业需要培养人才。在人才培养上，我们应该都听过这样一句话："十年树木，百年树人。"并不存在企业昨天招聘了一名员工，今天做了一次培训，明天他就变成人才了这样的情况。人才培养是一个长期的系统性工作，京瓷是通过打造人才培养机制来培养人才的。京瓷的人才培养机制中，也是人事体系中，有一个非常核心的制度，叫作资格等级制度。资格等级制度就是对员工进行分层，每一个层级是什么水平，公司用明确的基准进行定义。各层级应该具备什么样的职责，应该达到什么样的条件，明确地向员工展示出来。京瓷希望通过资格等级制度，促进员工不断地进步成长。资格等级制度中，就像画出了一个个台阶，员工的成长就是登上更高的台阶。登上更高的台阶后，员工的薪酬福利也会相应提升，某种程度上激发了员工自我提升的意愿。在人事评价及薪酬发放上，具体来看，就是根据员工现在所处层级对员工进行人事考评，将考评结果应用在员工的工资调整与奖金发放上。回到"咋分钱"这个主题，在京瓷员工能分到多少钱，首先取决于员工现在处于资格等级的哪个层级上。接下来，要看员工的人事考评结果，结果好的员工多分钱，结果差的员工少分钱。在京瓷不会出现分不到钱的人,因为稻盛先生作为一个经营者,坚信所有员工都为公司付出了努力,做出了贡献。

我梳理了一下京瓷的分钱思路,分享给大家。

**对员工个人咋分钱?**

京瓷分钱时,首先,看员工是不是公司所需要的人才。什么是"企业所需要的人才"?京瓷有着明确的人才画像。京瓷的人才画像有以下三点:

· 实践哲学

· 不断自我革新

· 为企业发展做出贡献

| 人才画像 | 评价要素 | 考核表上的内容 |
|---|---|---|
| 不断自我革新 | 能力 | · 资格等级基准[能力基准] |
| 实践哲学 | 行为(哲学的实践) | · 资格等级基准[行为基准] |
| 为企业发展做出贡献 | 业绩 | · 完成计划(所有 stage)<br>　　(核算表或有言实行表)<br>· 日常业务的正确性/认真　(S2以下)<br>· 日常业务的速度　　　　(S2以下)<br>· 人财培养　　　　　　　(S3以上) |

图12　资格等级基准表

然后基于人才画像，制订"资格等级基准表"，再以"资格等级基准表"为核心制作不同级别员工所用的人事考核表。很多企业分钱时，都是"一拍脑门"凭感觉来分。要想分钱时尽量做到公平、公正、员工认同度高，必须有基准以及工具。京瓷的"资格等级基准表"就是基准，考核表就是工具。京瓷将人才画像中的"实践哲学"转化成了考核表中的"行为评价"维度，将"不断自我革新"转化成了考核表中的"能力评价"维度，将"为企业发展做出贡献"转化成了"业绩评价"维度。各考核维度基于"资格等级基准表"上的内容，进行细化，用更加清晰的语言描绘出考核的具体条目。京瓷用这样的考核表对员工进行考评，得出评价档次。根据评价档次，决定分钱时给员工多分还是少分。这套人事体系（资格等级制度、评价制度、薪酬制度）在运用中，明确地告诉了员工："对于公司来讲，什么是好员工"，以及"成为好员工（符合人才画像）"才能多分到钱。

**在经营的视角上京瓷咋分钱？**

上文从给员工个人分钱的角度介绍了京瓷咋分钱，但"咋分钱"不仅仅是员工个人问题。所有员工的薪酬加在一起，叫作人工费用总额，这是经营上一个重要的成本要素。企业也需要从经营的视角上，来考虑如何给员工分钱。

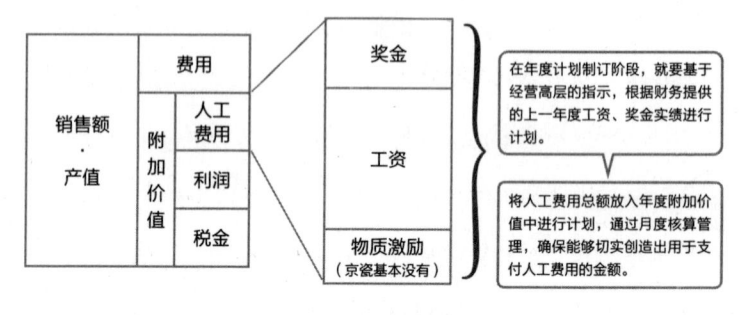

图 13 京瓷的分配模式

销售额·产值 = 附加价值 + 费用

附加价值 = 人工费用 + 利润 + 税金

人工费用 = 奖金 + 工资 + 物质激励（京瓷基本没有）

在年度计划制订阶段，就要基于经营高层的指示，根据财务提供的上一年度工资、奖金实绩进行计划。

将人工费用总额放入年度附加价值中进行计划，通过月度核算管理，确保能够切实创造出用于支付人工费用的金额。

稻盛先生一直强调，企业经营管理上所有制度的设计和运用，都应该从经营视角出发。京瓷每年要给员工分多少钱，在年度计划中会提前做好。根据今年的经营方针，参考去年给员工分钱的实际数据，制订今年分钱的数字目标。大家可以一起回想一下我在前面介绍过的"京瓷是咋赚钱的"，是全员努力提升核算、追求附加价值的创造赚回来的。附加价值的一部分，以人工费的形式回馈给员工。所以每年给员工分钱的目标能不能实现，就看这一年里全体员工是否能达成附加价值（结算收益）的目标。此外，京瓷在分钱的时候，会提前做好更细致的规划，比如发给员工的工资包多大，奖金包多大。京瓷没有提成等物质激励薪酬。如果您的企业有这样的薪酬种类，建议也提前做好规划与测算。

**年度计划未达成时咋分钱？**

一年的经营结束了，如果年度目标没有达成，附加价值的总额比计划中的数字缩水了，这时怎么发钱？

在京瓷，工资是保障员工基本生活的，发放时不受业绩影响；奖金的发放基于公司业绩目标达成情况。年度计划未达成，奖金包就要缩水。有些朋友可能要问：京瓷"蓄水池"里不是有水嘛，为什么不能拿出来分给员工呢？大家可以一起想一想，轻易地从"水库中取水"，有第一次就有第二次。慢慢地，企业好不容易储存起来的水就有可能一滴不剩。水库无水代表企业自身的孱弱，外界出现少许的经营风险，企业就很有可能抵挡不住。企业为了守护员工的幸福，首先自身必须存活发展下去。所以，分钱的时候，企业应该从经营的视角上去考虑，不能亏待员工，也不能让自身孱弱。

以上是我的简单分享，希望能为您带来一些启示。

# 如何能像京瓷阿米巴经营一样,基层运转起 OODA 循环,实现自主思考与行动?

> **问**
>
> 我听过藤井敏辉老师主讲的"经营战略与计划"课程,课上老师提到了京瓷阿米巴经营的 PDCA 核算循环中,还有一个 OODA 循环在基层运转,基层员工能够自主地思考与行动。我觉得 OODA 循环非常好,想让它在自己的企业里也能运转起来,我应该做些什么呢?

**如何能像京瓷阿米巴经营一样，基层运转起OODA循环，实现自主思考与行动？**

**答**

### 什么是OODA循环？

首先，我对OODA循环理论进行一个简单介绍，因为有些朋友可能是第一次听说。

OODA循环是由Observe（观察）、Orient（判断形势）、Decide（决策）、Action（行动）四个单词的首字母组合得名，是一种源于战争理论的决策循环。

就像在战场上打仗一样，在企业经营中，如何能够在最短的时间内做出正确的决策，迅速应对非常重要，特别是在基层现场。通常的企业里没有授权给基层领导者去决策，需要层层汇报，等到问题反映到最高层决策层的时候，其中信息的稀释、时效乃至机会都会大打折扣，影响到决策的有效性。京瓷阿米巴经营中，基层领导为本部门的核算负责，也有着决策权（权限范围内）。京瓷的基层领导每天都在进行着OODA循环，在这样的过程中提升了组织效率，同时实现了自身的成长。

### 阿米巴经营中的APDCA循环与OODA循环

接下来，我们一起来看看京瓷阿米巴经营中PDCA核算改善循环与OODA决策循环的关系。

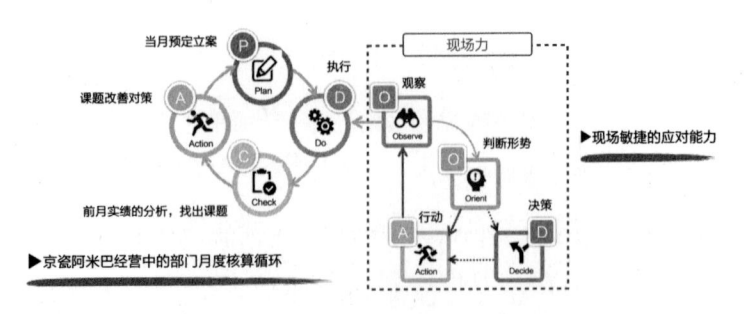

图 14　京瓷的 APDCA 循环与 OODA 循环

一般 PDCA 循环中，"Plan"是制定计划；"Do"是执行；"Check"是检查；"Action"是处理。

京瓷的改善循环实际上是"APDCA"，每个月分析前月"预定"和"实绩"的差异，找出课题。发现课题了，肯定想要改善。在新一个月的经营开始时，要思考课题如何改善，如何落实到实际工作中。切实地改善行动，可以带来核算数字的提升。所以，在制订新一个月的"预定"时，要把课题改善会带来的效果反映在"预定"数字（核算数字的提升）上。然后通过领导和团队成员齐心协力，付出努力去把"预定"实现。这就是京瓷是如何从"A"开始改善循环的。

在改善循环中，真正去 Do（执行）的是谁？还是要靠基

#### 如何能像京瓷阿米巴经营一样，基层运转起OODA循环，实现自主思考与行动？

层现场。现场力是影响经营计划落地的重要因素。京瓷的基层阿米巴在Do的时候，运转起了OODA循环。在月度经营中，基层员工能够"有意注意"地去观察瞬息万变的外部环境，以及也会发生变化的内部环境，对观察来的信息进行整理，对自己所处的形势进行判断，之后做出决策，迅速采取行动。

商场如战场，假设现在是两军对垒，前线指挥官突然发现敌军偷偷运来大炮，马上就要向我方开炮。这样迫在眉睫的时刻，前线指挥官应该如何应对？应该是自己立即做出一个应对决策吧。而不是想着，我得打个电话到大本营去问问总司令怎么办。因为有可能电话还没打完，敌军的炮弹已经落下来，我方全军覆没了。经营上也是如此，现场只等着上级部门下命令的话，很容易错失良机，甚至陷于受到致命打击的地步。企业经营中，需要现场具备能够敏捷地应对瞬息万变环境的能力。京瓷阿米巴经营中，基层阿米巴为了达成核算目标，会自主地观察与发现新情况，思考如何去应对。

像京瓷基层运转起来的OODA循环，对于所有在竞争环境中想要生存下去的企业来讲，都是必需的。OODA循环中培养起的现场力，是企业战略落地的必要条件。很多经营者头疼战略不落地，企业年度计划总是无法达成。这时建议大家想一想，自己企业的腰部有没有力量？腿部有没有力量？企业能走多快，能走多远，都得看腿部能给我们一个什么样的支撑。

## 如何能让自己企业运转起 OODA 循环？

回到"如何能让自己企业也运转起 OODA 循环"这个问题上，我从两个层面上分享一些心得。

### 微观上

第一个层面，从微观上来看，我们需要明确对基层员工个人的期望和要求。把 OODA 拆解一下，就是四个动作，我们需要梳理出完成这些动作都需要哪些思维方式与能力，从而有意识地去帮助员工提升。

---

从微观上看：基层个体需要做到

O 观察（有意注意收集信息）

O 判断形势（探究事物本质，提升看待事物的视野和高度，经验心得的积累）

D 决策（基准、领导者的决断力）

A 行动（执行力）

---

图 15 如何让基层运转起 OODA 循环？（微观）

比如：

- 第一个动作"观察",这就需要员工平时"有意注意"地去收集与"核算"相关的信息,而不是漫无目的地完成业务。最好达到这样一个状态,脑袋上就像装了一个雷达,只要与"核算"有关,哪怕只是沾了一点边儿的程度,也会探测到,去关注;

- 第二个动作"判断形势",如何能够更好地进行判断?需要在日常工作与生活中培养起"探究事物本质"的思维方式,以及提升看待事物的视野与高度,并注重经验心得的积累;

- 第三个动作"决策",决策时一定要有基准,并且"决策"并不是简简单单的"决定",而是一种"决断",领导者的决策力中必须包含"意志";

- 第四个动作"行动",需要能够切实地把决策转化为行动的"执行力"。

**宏观上**

第二个层面,从宏观上来看,关于公司整体上应该做些什么,我想分享三点。

> **从宏观上看：公司整体应该做好**
>
> ■ 打造出鼓励自主思考、勇于挑战、不苛责失败的环境。
>
> ■ 明确各级组织的责权，让各个组织在自己的责权范围内自主经营。
>
> ■ 实现公司整体战略计划和各级部门计划的联动贯穿。

图16　如何让基层运转起OODA循环？（宏观）

1.打造出鼓励员工自主思考、勇于挑战、不苛责失败的环境。有些企业号称鼓励员工自主思考与行动，但稍微出现一些问题与失败时，又会对员工说：责任都在你，都是你的问题。在这样的环境里，人出于趋利避害的心理，只能"不求有功，但求无过"，不敢"自主思考，勇于挑战"。如何打造出一个好的环境，是企业经营者应该思考的一个课题。

2.明确各级组织的权责。脱离规则的自由一定会带来混乱。京瓷阿米巴经营中，基层员工是在自主思考与行动，但这是在自己的职责权限范围内。稻盛和夫先生的组织论和京瓷的实践中，有很多我们可以参考借鉴的地方。在此就不延展开讲了，我想以后做一个单独的"稻盛和夫的组织论"主题分享。

3.实现公司整体战略计划和各级部门计划的联动贯穿。不知大家有没有思考过：基层运转OODA循环可能会带来哪些弊

**如何能像京瓷阿米巴经营一样，基层运转起OODA循环，实现自主思考与行动？**

端？会不会发生基层自主思考的方向性和公司整体的方向性不一致的情况？这是完全有可能的。

那京瓷阿米巴经营中，会出现这样的情况吗？

我想和大家分享一下京瓷的战略金字塔。

图中内容：

- 理念（存在意义）：京瓷社训：敬天爱人；经营理念：追求全体员工物质与精神两方面幸福的同时，为人类和社会的进步与发展做出贡献。
- 愿景（中期姿态）：3～5年中期事业表现出的事业姿态
- 事业战略：达成愿景的行动路径 / 以年度计划呈现
- 具体战术 / 阿米巴：·组织体制·人才（录用·培养·评价）·核算管理体系·其他；在各相关功能上的行动

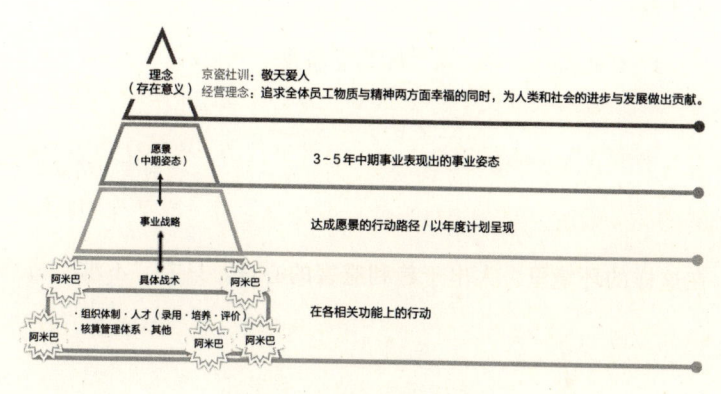

图 17　京瓷的战略金字塔

我们从金字塔的底层看起，真正创造核算、提升核算、实现高收益的是基层阿米巴。基层阿米巴拥有自己的目标（数字目标），为达成目标而行动。但基层阿米巴的目标是基于上级部门的方针及目标来制订的，要做到符合并能够支撑起事业战略。事业战略又是基于愿景制定，最终是为了达成金字塔顶尖的终极目标，也就是为了实现经营理念：追求全体员工物质与精神两方面幸福的同时，为人类和社会的进步与发展做出贡献。所以，在京瓷，整体与部分、战略与计划环环相扣，保证了基层在自主思考与行动时的方向性和公司整体的方向性不产生矛盾。

以上是我的分享，希望能为您带来一些启示。

（一问一答特别篇由明丽著）

# 后 记
PREFACE

本书能够出版，我作为编译者无比欣喜，心中也充满了满满的感谢之情。

首先，最深的感谢送给稻盛和夫先生，因为他无私大爱，将自己人生与经营实践中总结出的经营哲学与经营手法与世人分享，才让"稻盛模式"得以面世。

其次，真挚地感谢书籍出版过程中付出了很多心血的各位老师及好友。东方出版社的姜云松老师是我的良师，平日里常和我交流，他的鼓励与鞭策是本书成稿最重要的契机；宁波盛和塾事务局的许民生局长是我的益友，我们志同道合，他在书稿的整理过程中提供了巨大的帮助；本书的责编贺方老师，在书稿校正上十分认真负责，没有她的精心校正，就没有本书中呈现的精准表述。

最后，我想感谢所有和藤井敏辉老师以及我进行过交流的中国经营者。正是因为有大家的真挚交流，愿意分享经营实战中的各种困惑并提出问题，才有了本书的诞生。感谢各位中国经营者的信任，期待今后和大家继续切磋交流。

想要感谢的人太多太多，无法一一提及；感谢之情满溢，言语无法表达。千言万语汇成一句话：感恩有您，一路同行！

明丽

2022年吉日于日本琵琶湖畔

# 作者简介

**［日］藤井敏辉**

前京瓷公司董事，现任株式会社至高董事长。1976年入职京瓷，历任多个工厂的经营管理部门负责人，在京瓷公司有着40余年的经营管理经验，是稻盛和夫先生亲自培养的实战经营人才；稻盛和夫编委会成员，主持了稻盛和夫讲话音像制品的整理编辑项目。参与创立京瓷阿米巴经营咨询事业，受稻盛先生委派，到中国成立京瓷阿米巴管理顾问（上海）有限公司，曾辅导过300多家日中企业进行阿米巴经营的导入与落地，有着丰富的实战指导经验；近年来在京都大学经营管理大学院担任研究员，并教授EMBA课程。

**明丽**

现任株式会社至高董事。毕业于吉林大学日语系，曾就职于京瓷阿米巴管理顾问（上海）有限公司。研习稻盛经营学十年，在企业落地阿米巴经营与稻盛模式人事制度方面具有一定的经验与心得。近年来，致力于帮助企业打造可以"提升核算"与"培养人才"的教育体系，为企业提供教育整体解决方案。

关注微信公众号"经营之友至高"，阅览最新经营问答

免费领取《稻盛模式经营管理体系入门课》